贵州省农业农村高质量发展探索

乡村建设及产业发展典型案例研究

梁 龙等 著

中国农业出版社

北 京

贵州省科技计划项目：贵州省特色农业产业碳达峰峰值和碳中和潜力研究（黔科合基础-ZK[2023]一般032）

贵州财经大学驻村干部专项项目：贵州省"一村一品"高质量发展模式与路径研究（2023ZCGBA02）

本书著者

梁　龙　张晓伟　汪　秀　周　奕　孙　凯
陈明杰　段少云　李　娜　李　涛　潘海鹏
尚永犇　王承新　王仁通　王仕凯　吴万庆
吴雪梅　严　鸥

近年来，贵州农业农村发展虽有成效，但随着经济的快速增长也迎来了新的发展难题。本书立足于贵州省少数民族地区，聚焦乡村建设及产业发展开展长期的调查及研究工作，收集并整理当地乡村建设及产业发展典型案例，对其进行系统的分析和论述，旨在为少数民族地区农业农村发展提供现实参照和政策参考。

本书共分为十一章。前五章聚焦贵州少数民族地区乡村建设现状，从劳动力、留守妇女、儿童发展、智障群体权益保障等多角度剖析民族地区乡村发展现状：第一章以台江县施洞镇旧州村为例，分析民族地区农村劳动力转移现状、问题及对策，并提出改进策略；第二章总结贵州省岑巩县沈家湾村留守妇女经济收入问题与现状，并提出对策建议；第三章分析农村留守儿童健康素养教育现状，并提出对策建议以及长期计划，以期改善和解决农村留守儿童健康素养教育问题；第四章探讨民族地区智障群体权益保障路径；第五章分析乡村建设行动中影响农户参与意愿的因素，并提出参考意见。第六章至第十一章，聚焦民族地区产业经济发展，选取典型案例剖析民族地区产业发展的阻碍因素并提出对策建议：第六章选取中国传统村落旧州村，探讨民族地区典型村域循环经济现状；第七章介绍三都县水族马尾绣产业发展现状、问题并提出对策；第八章针对性地对L公司的肉类冷链物流进行绩效评价研究，并根据评价结果对其存在的关键问题提供有针对性的对策和解决措施；第九章通过碳足迹评价法、营养足迹法和经济效益评价法对贵州省盘州市新民镇产业结构调整前后进行综合效益对比分析，探究将传统作物玉米和水稻改种为其他农作物之后的实际效果，并为地方产业结构调整决策提出建议；第十章以盘州市妥乐村为例，采用重要性及其表现分析法对乡村发展旅游产业进行了研究，针对问题提出对策；第十一章综合利用成本收益分析方法、碳足迹核算方法和能值分析方法，对盘州市新民镇典型露地蔬菜生产的生态、经济效益进行了量化评价，探讨制约当地小农户露地蔬菜生产模式生态经济可持续发展的关键影响因素，提出减排增效优化方案。

编　者

2023 年 12 月

目录

前言

第一章 贵州农村劳动力转移现状、问题及对策
——以台江县施洞镇旧州村为例

一、引言

近年来，随着我国农业化、工业化与城镇化快速发展，农民群体的收入不再是仅仅依靠农业生产，而更多来自非农产业，特别是"三权"分置制度的产生，更是加快了土地规模化与集约化的利用，促进了农村劳动力向非农产业转移。国家统计局 2022 年农民工监测统计报告中的数据显示，2022 年全国农民工总量 29 562 万人，比上年增长 311 万人，增长 1.1%。其中，12 372 万为当地农民工，比上年增长 293 万人，增长 2.4%；外出工作的农民工 17 190 万人，比上年增加 18 万人，增长 0.1%。截至 2022 年底，居住在城市的农民工人数为 13 256 万。家庭非农收入比例越来越高，加快非农产业转移就业已成为农民增收致富的重要途径。我国就业扶贫成效明显，但目前仍存在农村脱贫地区低收入人口就业不稳定、脱贫成果难以巩固、城乡人口收入差距扩大等难题。2021 年，中央 1 号文件就指出，要加大就业支持力度，做好劳务输出工作，提高农民收入，巩固脱贫成果。《中共中央国务院关于实现巩固拓展脱贫攻坚成果同乡村振兴有效衔接的意见》提出，要搭建好企业招聘信息平台，搞好区域性劳务品牌建设，加大劳务输出力度，统筹公益性就业岗位，促进脱贫人口稳定就业。在这种背景下，提高劳动力转移就业质量变得尤为重要，对巩固拓展脱贫成果、推进乡村振兴具有重要意义。

根据 2022 年贵州省统计局数据，台江县近年外出务工人数持续增长，2017 年到 2021 年之间，从约 3.59 万人上涨至约 4.20 万人。旧州村作为台江县施洞镇的一个小自然村，总人口数为 495 人，其中劳动力 363 人。本章以旧州村为例，探索少数民族地区农村劳动力转移就业中存在的问题，探究其中所存在的原因，以便提出因地制宜的措施和建议。

二、研究综述及研究方法

(一) 国外研究

1. 农村劳动力转移的原因　关于农村劳动力转移的研究，不能绕过经典的理论模型，即托达罗模型。该模型是美国经济学家托达罗（M. P. Todaro）总结的"城乡收入预期差异理论"。他把发展中国家的经济分为两个部门，分别是城市部门和农村部门。同时指出，虽然城市存在失业现象，但农村劳动力仍然会出现去城市找工作、违背常识的人口流动现象，因为人口流动过程受到人们心理预测的城乡预期收入的影响，虽然这与实际收入差距没有太大关系。他认为，农村劳动力普遍可以从城市获得比农村更高的劳动收入，这导致了农村劳动力的大量流失，又进一步扩大了城乡预期收入。因此，大力发展农村经济，努力缩小城乡收入差距才是解决问题的关键。对于贫困地区农村劳动力转移的原因，意大利学者 Massimiliano 和 Tommaso（2018）的研究显示，随着土地资源禀赋利用率的降低，贫困地区农村劳动力的收入不足以满足生活支出，他们倾向于通过外出务工的方式增加收入，此时转移劳动力的总体趋势更加明显。

2. 农村劳动力转移的影响因素　关于劳动力转移就业问题，Phipps 和 Sheen（1995）在研究中针对澳大利亚提供的就业相关数据进行了深入的分析，发现经济增长水平越高，就业率相应增加，它们之间存在正相关。Grubb 等（2001）在研究中以经济合作与发展组织（OECD）成员为对象进行了比较分析，指出一些国家的雇主采取直接补贴的方式，而不是为富余劳动力提供就业机会或培训，这些政策反而有助于促进就业。Abraham（2007）深入研究了就业和就业财政支出之间的关系，发现在这一领域的支出越多，对就业产生相应的促进作用。Glenn 等（2008）指出，国家要积极推进就业市场建设和投入，这可以提高富余劳动力的就业能力，显著提高技能，同时也可以增加就业质量。King 等（2020）提出，城市规模的大小与吸收的农村劳动力转移就业人数成正相关关系，转移就业体制的完善程度也受到城市规模的影响。

(二) 国内研究

1. 农村劳动力转移的原因　对于农村劳动力转移的原因，国内学者也借助各种研究方法提出了不同的推测。段成英、吕丽丹等（2013）提出，在1997年后的改革开放政策实施过程中，经济快速增长和就业机会的出现，导致大量农村劳动力流向广州、深圳等地，至今仍存在转移的趋势。张茂发

（2014）在对河北省流动人口地域类型的研究中认为，转移劳动力在全国劳动力中所占的比例很大。这是由于中国城乡经济发展不平衡造成的。过大的城乡收入差距使农村劳动力不断向城市转移。此外，教育资源的不均衡也促使农村劳动力带子女转移以获得更好的教育。周广肃、谭华清等（2017）基于中国家庭住户收入调查（CHIP）的数据展开的研究发现，农村劳动力除了向城市转移外，还存在大量的回流情况。另外，与外出务工无经验的农村劳动力相比，返乡农村劳动力创业概率高出1.8%，因此农村劳动力转移在一定程度上促进了农村劳动力返乡创业，搞活了农村经济。

2. 农村劳动力转移的影响因素 李义伦（2017）在研究中发现，农村劳动力转移就业的过程中渠道单一，依靠熟人介绍、自主寻找等方式来寻求工作占大多数。刘红（2014）在研究中指出，农村劳动力转移岗位明显集中于劳动技能水平要求不高的行业，如建筑业、制造业等。马淑杰（2017）的研究表明，农村劳动力转移就业的成功率受到农村劳动力的文化水平和综合素质以及职业技能的掌握情况的影响，认为农村劳动力自身素质在转移就业的过程中至关重要。许晓红（2021）利用问卷调查的方法发现，农村劳动力转移就业质量与人力资本、社会资本及相关制度密切相关。韩秀丽（2020）通过模型量化分析的方式发现，农村生产力水平和农民收入水平是推动农村劳动力转移就业的重要因素。胡斌（2017）提出中国农村劳动力存在乡土状况，发展乡镇企业可以吸纳贫困劳动力就近就业，同时也有利于城乡一体化建设。

3. 研究现状述评 综合上述国内外文献所述，关于劳动力转移就业方面的问题，国内外学者都对其进行了大量的研究，并且取得了丰富的研究成果。学者们从不同维度对劳动力转移就业问题进行了研究分析，提出了许多合理的建议措施，但整体看来都是以宏观角度对劳动力转移就业问题进行描述与分析，而且对于民族地区劳动力转移就业问题的研究也较少，很少有学者对微观层面的区域进行研究。因此，本章以旧州村农村劳动力为研究对象，将转移对象在区域上细分并加以描述分析，探究其中存在的劳动力转移就业问题，为民族地区劳动力转移就业提供一定可以参考的建议措施。

（三）研究方法

1. 调查研究法 通过深入民族地区相关部门和居民家中，利用问卷在旧州村进行实地考察，调查本村劳动力转移就业的现状，获取真实而丰富的一手资料，为课题研究提供有价值的信息。

2. 统计分析法 运用统计分析软件 Excel 2010 对所收集的旧州村劳动力转移数据进行统计分析，归纳总结出当今旧州村劳动力转移的现状与问题，为优化旧州村劳动力转移提供思路和建议。

三、概念界定

（一）农村劳动力

广义上将劳动力定义为全社会总人口，而狭义上则将具备劳动能力的人界定为劳动力。我国统计部门在此基础上将劳动力定义为16～64岁具备劳动能力的人，即适龄劳动力。若按照户籍上对劳动力进行划分，可以将其分为城市劳动力和农村劳动力，即拥有城市户口的劳动力为城市劳动力，而拥有农村户口的便为农村劳动力。

（二）农村劳动力转移

传统意义上的农村劳动力转移是指农村劳动力由户籍所在地的农村向城镇的地域空间转移的过程，其主要表现为农村户籍的劳动力向城镇转移。农村劳动力的这种转移，可以优化城镇和农村的人力资源配置，推动整个经济社会的可持续健康稳定发展，这也是国家工业化和现代化的必然要求。随着社会的进步，就我国当前的实际情况来看，目前的农村劳动力转移与传统意义上的农村劳动力转移有了新的变化和发展，农村劳动力的转移从原来的单一由户籍所在地农村向城镇转移的情况，发展成既有向城镇转移也有向异地农村转移的情况。因此，本章对农村劳动力转移的定义拓展为：农村户籍的劳动力从户籍所在地向外地转移均算作农村劳动力转移，既包括向外地城镇，也包括向外地农村。

四、旧州村农村劳动力转移现状分析

（一）研究区域概况及数据收集

1. 区域概况　研究区域是贵州省黔东南苗族侗族自治州台江县施洞镇旧州自然村。旧州村位于台江县北部、施洞镇西北部，地处苗岭山脉、清水江畔，东邻828县道，距州府凯里70千米，距县城38千米，距施洞镇政府驻地9.3千米。旧州行政村由原旧州、四新、南哨三个自然村合并组成，辖12个村民小组，村域国土面积16.87千米^2，其中耕地面积1 105.8亩 *，退耕还林600亩，林地覆盖面积6 000多亩。全村共1 665人，937名劳动力。

2. 数据收集　使用的数据来自2023年1月16日至2月24日在旧州自然村内随机进行的农村劳动力转移情况问卷调查。通过与村干部的交流获取旧州

---

　　* 亩为非法定单位，1亩＝1/15公顷。——编者注

村劳动力统计信息以初步了解当地村民劳动力现状，进一步与本村居民交流，了解其转移的意愿以及在农村这部分劳动力没有外出就业的原因等。通过前期的预调研，对调查问卷的内容进行了补充，并对问卷的措辞和问答方式进行了通俗化处理，以便受访人群能更加准确地理解题目的含义。问卷数据收集采用实地调研的方式，并以面对面交流问答的方式进行。通过调查问卷，对外出就业的农村劳动力以及没有外出就业劳动力的情况进行数据收集。本次调研中，发放问卷 154 份，回收问卷 154 份，校正错填、误填的答案并剔除掉废卷之后，最终筛选得到 133 份有效问卷。

(二) 农村劳动力转移情况

1. 外出农村劳动力性别及年龄情况　表 1-1 显示了外出劳动力性别比例。在受访的 93 名农村转移劳动力中，男性乡镇内务工人数 16 人，占比 17.20%，镇外省内务工人数 10 人，占比 10.75%，省外务工人数 39 人，占比 41.94%；女性乡镇内务工人数 5 人，占比 5.38%，镇外省内务工人数 8 人，占比 8.60%，省外务工人数 15 人，占比 16.13%。总体看来，劳动力就业偏好偏向于外省就业，且大多是以男性群体为主。

表 1-1　外出劳动力性别比例

外出去向	男		女	
	人数（人）	占比（%）	人数（人）	占比（%）
乡镇内务工	16	17.20	5	5.38
镇外省内务工	10	10.75	8	8.60
省外务工	39	41.94	15	16.13

在乡镇务工人员中，16～35 岁人员占比 1.08%，36～55 岁人员占比 15.05%，56～64 岁人员占比 5.38%；从镇外省内务工人员来看，16～35 岁人员占比 6.45%，36～55 岁人员占比 12.90%，56～64 岁人员占比 1.08%。从省外务工人员来看，16～35 岁人员占比 25.81%，36～55 岁人员占比 27.96%，56～64 岁人员占比 4.30%。总体看来，16～35 岁与 36～55 岁这两个年龄区间的省外务工群体占有很大的比例，可见，省外务工群体多为壮年劳动力（表 1-2）。

表 1-2　外出劳动力年龄分布

外出去向	16～35 岁		36～55 岁		56～64 岁	
	人数（人）	占比（%）	人数（人）	占比（%）	人数（人）	占比（%）
乡镇务工	1	1.08	14	15.05	5	5.38

外出去向	16～35 岁		36～55 岁		56～64 岁	
	人数（人）	占比（%）	人数（人）	占比（%）	人数（人）	占比（%）
镇外省内务工	6	6.45	12	12.90	1	1.08
省外务工	24	25.81	26	27.96	4	4.30

2. 外出劳动力文化程度与从事行业情况 从表1-3中可以发现，无论是省外务工人员还是省内务工人员，学历水平都集中于小学与初中，而高中及以上学历的人员仅占很小的比例。从小学文化程度来看，乡镇内务工人员15人，占比16.13%；镇外省内务工人员10人，占比10.75%；省外务工人员17人，占比18.28%。从初中文化程度来看，乡镇内务工人员5人，占比5.38%；镇外省内务工人员10人，占比10.75%；省外务工人员36人，占比38.71%。对比三个不同务工区域的群体可以发现，学历较高的农村劳动力偏向集中于省外务工就业。

表1-3　外出劳动力文化程度

文化程度	乡镇内		镇外省内		省外	
	人数（人）	占比（%）	人数（人）	占比（%）	人数（人）	占比（%）
小学	15	16.13	7	7.53	17	18.28
初中	5	5.38	10	10.75	36	38.71
高中	0	0.00	0	0.00	1	1.08
大学	0	0.00	1	1.08	1	1.08

表1-4外出劳动力行业分布中的数据显示，受访农村劳动力中，建筑工地上班的农村劳动力57人，占比61.29%；企业（含工厂）上班的人数为25人，占比26.88%；自己做生意与从事其他工作的人数分别占比6.45%与5.38%。可以看到，外出的农村劳动力主要在建筑工地上班和企业（工厂）上班，很少有劳动力自己去做生意或者从事其他行业。

表1-4　外出劳动力行业分布

项目	建筑工地上班	企业（含工厂）上班	自己做生意	其他
就业人数（人）	57	25	6	5
占比（%）	61.29	26.88	6.45	5.38

3. 外出劳动力就业信息渠道和就业基本能力情况 就问卷调查所获取的信息来看，目前旧州村外出劳动力就业信息渠道主要以亲戚朋友介绍为主，由亲戚朋友介绍实现就业的农村劳动力为63人，在调查数据中占比达到

67.7％。通过中介介绍实现就业的农村劳动力有 11 人，占比 11.83％。自己找工作实现就业的农村劳动力有 9 人，占比 9.68％。政府协助实现就业的农村劳动力在调查数据中有 4 人，占比 4.30％。数据显示，部分劳动力的转移依靠自己寻找门路，存在一定的盲目性（表 1-5）。

表 1-5　外出劳动力就业信息渠道来源情况

项目	亲戚朋友介绍	中介介绍	自己找	政府协助	其他
人数（人）	63	11	9	4	6
占比（％）	67.7	11.83	9.68	4.30	6.45

从外出劳动力技能掌握情况来看，在 93 位受访的转移农村劳动力中，掌握一技之长的劳动力有 62 人，占比约 67％，显示出农村劳动力的就业培训尚有提升和改进的空间。

4. 外出劳动力就业稳定性情况和规范性情况　问卷调查数据显示（表 1-6），目前旧州村外出务工年限不到 1 年的人数为 49 人，占比 52.69％；1～5 年务工年限的人数 35 人，占比 37.63％；5 年以上务工年限人数 9 人，占比 9.68％。总体可以看出，旧州村外出劳动力就业稳定性是一个比较差的状态。在建筑工地上班的 57 位外出劳动力中，工作年限不到 1 年的人数达到 45 人，占比高达 78.95％。

表 1-6　外出劳动力就业稳定性情况

项目	不到 1 年	1～5 年	5 年以上
人数（人）	49	35	9
占比（％）	52.69	37.63	9.68

从表 1-7 外出劳动力就业规范情况可以看到，外出劳动力的就业规范情况不尽如人意。签订正式劳动合同、单位为其购买了"五险一金"的人数为 64 人，占比 68.82％；没有签订正式劳动合同的人数为 29 人，占比 31.18％。由此可以看出，由于法律意识较为淡薄，农村劳动力在外出就业时候存在没有与就业单位签订正式劳务合同的情况，而这会导致农民工的合法权益无法得到有效保护，同时也会间接导致就业不稳定的情况发生。

表 1-7　外出劳动力就业规范情况

项目	有正式劳动力合同及"五险一金"	无
人数（人）	64	29
占比（％）	68.82	31.18

5. 外出劳动力收入及月收入用途情况 通过对调查数据的统计汇总（表1-8）发现，旧州村外出务工劳动力的收入水平整体较高。3 000元（含）以下收入的群体，乡镇内务工有4人，占比4.30%；镇外省内务工有2人，占比2.15%。3 000~4 000元（含4 000元）这一收入水平的务工人员，乡镇内有13人，占比13.98%；镇外省内有5人，占比5.38%；省外有10人，占比10.75%。4 000~5 000元（含5 000元）这一收入区间的人员中，乡镇内有2人，占比2.15%；镇外省内有12人，占比12.90%；省外务工11人，占比11.83%。5 000元以上收入中，乡镇内有1人，占比1.08%；镇外省内有1人，占比同为1.08%；省外有32人，占比34.41%。总体来看，省外务工群体有着更高的收入水平，省内就业群体的收入水平相对较低。

表1-8 外出劳动力月收入分布情况

收入分布	乡镇务工		镇外省内务工		省外务工	
	人数（人）	占比（%）	人数（人）	占比（%）	人数（人）	占比（%）
3 000元（含）以下	4	4.30	2	2.15	0	0.00
3 000~4 000元（含4 000元）	13	13.98	5	5.38	10	10.75
4 000~5 000元（含5 000元）	2	2.15	12	12.90	11	11.83
5 000元以上	1	1.08	1	1.08	32	34.41

在农村外出劳动力收入用途的分类中，收入用于自己花销的人数为12人，占比约13%；用于老家建房的34人，占比约35%；用于城镇买房（或还房贷）的9人，占比约9%；用于婚嫁的10人，占比约10%；用于子女教育的28人，占比约29%；用于其他方面支出的4人，占比约4%。可见，旧州村外出务工的农民中不少人把收入用于改善老家的住房条件，这也一定程度上改善了旧州村的人居环境。

6. 未转移劳动力外出就业的意愿情况 从问卷调查的数据来看，受访的未外出农村劳动力共计40人，愿意外出就业的人数为13人，占比约32%，不愿意外出就业的人数为27人，占比约68%。该数据显示出村中未外出务工劳动力大多不愿意外出就业，但部分劳动力也有外出就业的意愿，这使得就业意愿与行为相悖。

表1-9未外出务工原因中数据显示，大多数劳动力外出转移受限的原因是需要照顾家里老人，也有少部分群体是因为无一技之长和身体原因。

表 1 - 9　未外出务工原因

项目	照顾老人	无一技之长	身体原因	其他
人数（人）	26	6	5	3
占比（%）	65.00	15.00	12.50	7.50

五、旧州村农村劳动力转移存在的问题及原因分析

（一）存在的问题

1. 外出劳动力素质和技能水平低　旧州村外出劳动力文化水平大多不高，并且仍然存在缺乏一技之长的农村劳动力。随着我国工业化进程的快速发展，各种各样的企业对技术性人才的需求越来越大，但通常要求职业资格证或专业头衔，特别是焊工、货运司机、电工等特殊岗位都需要劳动者具备相关的专业技能，有的甚至还要进行岗位培训。这也使得企业对技能人才需求与进城务工人员素质技能不相匹配的矛盾更加突出，素质较低劳动力的就业空间会变得越来越小。

2. 外出劳动力就业稳定性弱　从表 1 - 6 外出劳动力就业稳定性情况中可以看到，旧州村外出务工的人员中，较大占比的人外出务工年限不超过 1 年，这在一定程度上也使得农村劳动力收入水平存在不稳定性。农村劳动力就业的稳定性不仅影响着劳动力本身的收入状况，也在一定程度上对农村经济的发展产生影响，提高农村劳动力就业的稳定性迫在眉睫。

3. 农村劳动力转移就业途径单一　从调查问卷中关于农村劳动力的转移就业途径的相关数据来看，旧州村劳动力转移就业大部分依靠身边亲友的介绍。由此可见，当地政府对劳动力转移就业可能指导、干预较少，但也可能政府就业宣传内容与务工地点的实际存在一定的偏差。通过向村委会相关人员了解后发现，村干部在劳动力转移就业宣传上其实是下了不少功夫的，但并没有多大的成效，村中居民还是依靠传统的就业信息获取渠道去外出务工，这一问题使得村中劳动力转移就业的质量难以保障。

4. 劳动力转移就业受阻　从未外出就业劳动力转移意愿数据可以看到，农村中不乏有外出意愿而没有外出就业的劳动力，这部分群体的就业意愿与行为相悖。

（二）原因分析

1. 外出劳动力素质和技能水平低的原因　农村教育普及工作没有真正站稳脚跟。农村中相当一部分学龄教育对象没有受到良好的教育。通过对旧州村

的走访调查发现，旧州村所在地区基础教育相对落后，大多数外出务工人员学历较低，以小学或初中学历为主，甚至还有少部分人是小学学业没完成，年纪轻轻便外出打工，这直接导致了农村劳动力学历普遍较低。另外，很多农民工缺乏相关专业技能培训。虽然近年来组织过一些职业培训，但基本都是以短时间培训为主，很多培训缺乏针对性，并且农民工群体在接受知识的能力上也存在差异，这些问题都导致了农民工在职业技能上存在不足，久而久之这些不足会愈发限制农村劳动力在就业上的选择。

2. 外出劳动力就业稳定性弱的原因

（1）个人层面原因　外出的务工人员缺乏法律意识。在当今情形下，农村劳动力流动并不集中，流动时也缺乏有效引导组织，他们在供过于求的劳动竞争市场上往往处于被动的状态。除此之外，在大多数情况下，农民工群体是普遍缺乏自我权益保护意识的，他们与社会保障体系产生脱离；与所在单位发生纠纷时，农村转移劳动力这一群体往往成为受伤害的对象。从外出劳动力就业规范数据来看，外出务工劳动力中存在相关权益保障的缺失，使得农民工在外出就业的稳定性上受到严重影响。

（2）工作层面的原因　从外出劳动力行业分布情况可以看到，旧州村外出劳动力所从事工作大多为建筑工地工人，工作的技术含量较低、体力劳动程度较高，劳动力就业稳定性也会因此受到一定的影响。外出劳动力收入这一因素对农民工就业稳定性也起着至关重要的影响，从旧州村外出劳动力的收入状况来看，对比《2022 年国家统计年鉴》中务工平均薪资来看，仍然有不少外出务工群体的薪资水平低于全国的平均水平，这也使得这部分群体在就业上可能存在不稳定性（表 1-10）。

表 1-10　《2022 年国家统计年鉴》中务工薪资统计情况

行业	2021 年个人年平均务工薪资（元）
平均	53 184
制造业	54 096
建筑业	53 184
批发和零售业	54 096
交通运输仓储和邮政业	53 184
住宿餐饮业	54 096
居民服务修理和其他服务业	53 184

3. 劳动力转移就业途径单一的原因　由调研结果可知，旧州村劳动力转移就业的途径比较单一，村民们了解就业信息主要是依靠亲戚朋友之间的传

递，由于旧州村特殊的地理特征与民族特性，外出务工的群体更愿意选择通过亲戚朋友来获取就业信息。除此之外，大多当地中介机构规模小，提供的信息十分有限，难以获得农民工信任，大多数农民工宁愿自己或依靠朋友来找工作，也就间接表现出社会力量在转移就业工作中的薄弱。

4. 劳动力转移就业受阻的原因 旧州村大多劳动力没有外出工作的原因主要是需要照顾老人。通过与村中居民交流发现，该地区养老问题与其他地区存在一定的不同——家庭中老人的赡养一般都是交由最小的儿子来承担，而其他子女则没有必须留居家中照顾老人的义务。这种风俗习惯很大程度上限制了年轻群体的就业发展，不利于民族地区农村的长远发展。解决民族地区农村养老问题，从而发挥这部分农村劳动力群体的价值至关重要。所以，推广适合于民族地区老年群体的养老模式迫在眉睫。

六、对策建议

（一）加大农村职业教育与培训，提高劳动力素质

目前，旧州村的劳动力文化水平整体较低，特别是农村劳动力的文化水平限制了他们向第二、第三产业的转移。因此，提高当前农村劳动力的文化水平和技能至关重要。首先，在职业教育上发力，多层次、多形式地加强对农民工的职业技能培训，而这也是提高外出劳动者素质、促进农村劳动力转移的重要途径。要针对不同的群体制订相应的培训方案，结合农民工自身情况的培训才能符合受培训者的实际需要。其次，提高农村劳动力就业能力离不开当地政府的支持，政府部门应加大对当地农民工职业技能培训的投入，扩大享受政策优惠人员的范围；同时支持相关培训机构，将培训资源整合，鼓励成人培训学校开展多种形式的职业技能培训，尤其是针对岗位的职业技能培训，培训过程中按照农民自身的意愿，让农民自主选择培训机构和培训专业。

（二）多维度提高就业稳定性

农民工外出就业的稳定性不仅受到自身情况的影响，也受到企业层面的影响，基于此，以下分别从个人层面以及企业层面提出对策建议。

企业层面：改善企业工作环境，关注外出农民工的职业需求。大部分农民工就业的行业集中在制造业和建筑业，他们工作的技术含量较低、环境较差、体力劳动程度较高，且比较容易被替代。结合其较低的工作持续时长以及低于平均水平薪资的收入可以看到，农民工本身在一份工作上持续的时间不会太长。因此，企业在满足农民工对工作的薪资待遇等硬性条件的要求之外，还需在工作环境和工作晋升机会等方面进行改进。企业要提高工作岗位的吸引力，

提供农民工与其工作岗位相匹配的薪资水平和福利待遇，保障工作的安全性，创造良好的工作环境，提高劳动者对工作的满意度。

个人层面：农民工要提高对自身相关权益保障的认识，在遇到自身权益受损时能够利用好相关法律来保护自己。但如果想让外出就业的劳动力依靠自身的学习来解决自己相关劳动权益的保障，可能不切实际，因此农村劳动力相关权益保障的普及工作离不开政府。当地政府可以在外出务工群体返乡临走之前在村中开展与劳动力外出相关的法律教育培训，对农民工外出务工经常遇到问题的解决方案进行一系列的普及。

（三）拓展农民工就业信息获取渠道

一般可以村委会为媒介拓宽民族地区农村就业信息渠道，因此加强农村基层网格化建设至关重要。充分发挥村中网格内党员干部的作用，对外出务工人员实时登记，了解务工人员需求，进行相关就业咨询工作。村中网格员对当地情况十分了解，比起其他人员，做村中就业宣传会好很多，村中居民大多也愿意相信村中网格党员。工作建立于信任的基础上，也能进一步推进村中劳动力转移就业信息宣传的开展。

（四）创新互助养老模式

村中劳动力转移受限大多来自养老压力，而近年来，新的养老模式层出不穷，其中互助养老模式也取得了许多成效。这种养老模式中，老年群体共同生活，老年人之间互相帮助、相互养老。在村中设立"幸福小院"，院中根据老年群体的需要来完善基础设施建设，以满足老年群体的生活需要。这种养老模式虽然没有其他模式那样有着优越的条件和专业的养老服务人员，但对于老年人来说，和自己同龄的人一起居住，一定程度上缓解了老年群体的寂寞感，对传统思想比较浓厚的老年群体，这种方式往往更容易让他们接受。因此，在旧州村做一定的宣传和示范工作，可让农村老人理解和感受到团结养老的好处，也可在一定程度上缓解养老问题给当地年轻人就业转移带来的压力。

七、参考文献

段成荣，吕利丹，邹湘江，2013. 当前我国流动人口面临的主要问题和对策——基于 2010 年第六次全国人口普查数据的分析 [J]. 人口研究，2：23-31.

韩秀丽，2020. 影响西部贫困地区农业劳动力转移因素的实证分析——以宁夏西海固地区原州区为例 [J]. 安徽农业科学，38（6）：3171-3174.

胡彬，2017. 对农业劳动力就地转移的探索［J］. 农家科技（上旬刊），5：24-26.

李义伦，2017. 城镇化背景下的农业劳动力就业途径研究［J］. 中国农业资源与区划，2：139-145.

刘红，2014. 新型城镇化过程中农业劳动力转移就业研究［J］. 时代金融（中旬），10：63-67.

马淑杰，2017. 论农业劳动力专一出现的问题［J］. 农民致富之友，5：52.

许晓红，2021. 农村劳动力转移就业质量的个体特征及影响因素分析［J］. 内蒙古农业大学学报（社会科学版），23（1）：6-12.

张茂发，2014. 河北省流动人口地域类型研究［D］. 石家庄：河北师范大学.

中华人民共和国国家统计局，2022. 2022 年农民工监测调查报告［EB/OL］.［2022-4-28］. http：//www. stats. gov. cn/sj/zxfb/202304/t20230427_1939124. html.

周广肃，谭华清，李力行，2017. 外出务工经历有益于返乡农民工创业吗？［J］. 经济学（季刊），16（2）：793，814.

Abraham Carmeli，2007. The Effect of Fiscal Conditions of Local Government Authorities on Their Economic Development［J］. Economic Development Quarterly，2：16-22.

Glenn Follett，Andrea Kusko，Byron Lutz，2008. Stale and Local Finances and the Macroeconomy［J］. The High-Employment Budget and Fiscal Impetus National Tax Journal，3：65-77.

King C. M. Shackleton，2020. Maintenance of Public and Private Urban Green Infrastructure Provides Significant Employment in Eastern Cape towns，South Africa［J］. Urban Forestry & Urban Greening，1：10.

Massimiliano Bratti，Tommaso Frattin，Francesco Scervini，2018. Grandparental availability for child care and maternal labor force participation：pension reform evidence from Italy［J］. Journal of Population Economics，31（4）：1239-1277.

第二章　农村留守妇女经济收入现状及改进策略
——以贵州省岑巩县沈家湾村为例

一、引言

　　2023 年中央 1 号文件中多处涉及妇女的发展问题，文件中提出要推进农村妇女素质提升，实施乡村振兴巾帼行动，可见国家对于农村留守妇女群体的高度关注。农村留守妇女经济收入是农村家庭经济收入的重要组成部分，对稳定农村社会、增加农民收入、构建和谐社会有着积极意义。农村留守妇女的相关问题自从产生以来，一直受到学术界的关注。众多专家和学者从不同角度分析了农村留守妇女的收入现状，寻找解决她们面临问题的方法，给出了相应的解决方案，并在此基础上提出了促进她们发展的多种对策，但这些研究成果主要集中在对她们的经济影响方面，而对她们的经济收益关注甚少。因此，本章以沈家湾村为案例，对农村留守妇女的经济收入现状进行调查，针对如何提高她们的经济收益问题提出相应的建议，并以此为基础，进一步完善现有的对农村留守妇女的基础理论和科学研究。近年来，我国大力扶持农村发展，各项农业特色产业发展如火如荼，在这个背景下，农村留守妇女作为农业和农村发展的主力军，研究农村留守妇女的经济收入现状能够反映出乡村振兴战略及各项扶贫政策的成效，以及当前帮扶工作落实过程中存在的不足之处，有助于进一步推动农村发展。

　　本章将综合运用社会心理学、社会经济学等相关理论和方法，紧密结合中国乡村振兴的政策背景，以贵州省岑巩县沈家湾村为例，从农村留守妇女收入现状入手，通过对其收入来源、收入水平的变化以及影响其收入的因素进行分析，找出农村留守妇女收入提高的制约因素，并给出相应的改进建议。

二、研究背景与方法

(一) 研究背景

新中国成立后，我国政治、经济、社会和文化发生了巨大的变化，农村妇女作为农村家庭的重要组成部分，其家庭关系也随之发生了根本的变化。对于一个国家来说，妇女问题是一个很重要的问题，无论是经济问题还是社会问题，都无法回避妇女问题。改革开放之后，我国发展迅速，在经济繁荣的同时，区域差异也随之增大。伴随着户籍制度的改革创新，以及城镇化进程的加快，大量的农村青年劳动力转移到城市，而农村妇女因为要照顾老人和孩子，被迫留在家里，从而形成了留守群体。在大量男性农民工离开家乡外出打工的情况下，农村留守妇女在农业和家庭活动中的作用和影响变得越来越重要，她们不仅是农业生产的从事者，同时也是维持整个家庭生活和生存的主要力量。这些农村留守妇女为促进农村社会发展做出了伟大贡献，为家庭的和谐稳定也做出了巨大贡献，但是，她们也面临着许多值得我们继续探讨的发展难题和现实需求。

我国对农村留守妇女的研究重点主要集中在农村留守妇女的定义和数量、心理压力和心理健康、家庭结构和政治参与的变化以及她们所面临的困境等方面，并提出了相应的解决方案。

1. 关于农村留守女性的定义研究　很多学者认为，与丈夫长期分开，自己留在家里生活的农村已婚女性被称为农村留守女性。薛子帅（2008）认为丈夫外出工作超过半年，独自在家过日子的农村已婚妇女，被称为农村留守妇女。还有一些学者明确指出，对留守女性的定义范围不能太狭窄，否则会将一部分留守女性排除在外，对保护她们的合法权益不利。同时，范围也不能过宽，否则，对留守妇女的保护也就无从谈起。所以，尹玲（2018）将留守女性定义为：丈夫持续外出务工一个月以上，而留下来在家里的已婚女性。2015年，全国农村留守妇女达到了5 000万人。虽然目前尚不能完全确定留守乡村地区的妇女人数，但一些学者明确指出留守乡村的妇女人数在短时间内将呈现上升趋势。

2. 关于农村留守家庭中的夫妻情感变化与婚姻生活的可信度研究　学界更多地关注农村留守家庭中的夫妻情感变化与婚姻生活的可信度。长期的异地分居、生活环境的变化、交流的缺乏，都会导致夫妻之间"异质性"的增加，使夫妻感情受到影响，婚姻的可信度也会受到影响。刘筱红（2014）认为，留守家庭婚姻生活破裂的风险和困境比非留守夫妻更大，长期分离会使留守夫妻的情绪更加敏感，影响到婚姻生活的平稳。罗小锋（2018）认为，婚姻家庭的作用减弱、婚姻生活质量下降、对配偶的吸引力下降、夫妻之间的沟通交流不畅、信任度下降、外部离婚障碍的减小以及当事人一方婚姻生活使命感缺乏等因素，都会对婚姻生活的平稳造成严重威胁。吴惠芳（2011）认为，通过增强留守妇女的决策权力，可以增强妇女在家庭构建中的影响力，从而对中国农村传统的性别观念产生冲击，进而促进农村男女平等。对于留守妇女的心理健康问题，当前的科学研究普遍认为，丈夫离开家庭后，夫妻双方所承担的所有工作压力都转移到了留守妇女的身上，造成了很大的心理压力，使得她们的心理健康水平明显低于全国成年人的平均水平。张璐等（2018）通过对山西省198名农村妇女的调查，发现其中65.7％的妇女患有轻度、中度、重度抑郁。宫敏燕（2016）认为在城市化进程中，留守妇女被限制在狭窄的日常生活空间，其个性、技能和社会关系得不到充分发挥，给个人、家庭和社会带来了诸多负面影响。农村留守妇女的心理健康问题，不仅制约了其整体发展，而且加剧了家庭矛盾，严重影响了社会和谐与发展。我们一定要坚定地相信留守妇女的价值，肯定她们的自尊和主体影响力，用具体的行动引导她们塑造细致的个性，从而实现农村留守妇女的健康、和谐、全方位发展。

3. 关于农村留守妇女参与政治的研究　李晓广（2015）认为，农村留守妇女在参与政治的整个过程中，参与程度较低，参与人数也比较少，这主要是由于她们自身的原因，如文化程度较低、思想观念陈旧、对政治的认识有限；她们的经济影响力较低，缺乏参与政治的物质基础，且在丈夫离开之后，要承担许多责任，承受着巨大的压力，没有足够的时间和精力来参与政治。在社会层次上，缺乏制度保障，总体上的民主化和法治化还不健全，不能成为对决策走向产生影响的制衡力量。施晓娇（2015）认为，当前农村留守女性在参与农村经济生活的过程中，普遍存在着表现低落、参与政务机构层面的能力不足、在村务管理中被边缘化等问题。

4. 关于农村留守妇女社会适用网络的研究　学术界还关注了留守妇女的社会适用网络系统，普遍认为农村妇女获得的社会适用的关键是非宣告的适用，而这些适用来自她们的私人关系，如家人、邻居和朋友。吕芳（2012）通过对多省留守女性进行抽样调查，发现在留守女性的社会适用网络构成中，亲人倾向于感情适用、财务适用，而非亲人则倾向于社会相处适用。虽然丈夫长期不在自己的身边，但是他们在感情和财务适用方面，仍然扮演着重要的角色。亲戚朋友和邻居是留守女性日常相处的对象，在生产生活、感情抚慰等方面，都能给她们带来很大的帮助。卢梦凡（2019）认为，农村留守女性对社会团体、社会工作缺乏了解，而非宣称社会适用互联网也缺乏，不能提供足够的物质和精神层面的适用，以满足留守女性的多元化需求。

Kim（2020）采用问卷调查的方式，对留守妇女经济收入问题的相关因素开展了调查工作，通过对学历、健康状况、自我效能感以及自尊等诸多方面展开的调查发现，受教育程度对留守妇女经济收入的影响最大，应重点对留守妇女受教育程度加强关注。Litsardopoulos 等（2020）重点基于男女差异问题、农村留守妇女的经济收入问题以及相关时间分配问题展开了研究，发现受教育程度、男女差异以及年龄差异等均对经济收入有较大的影响，其中性别差异、年龄差异对经济收入影响最大。农村留守妇女作为一个特殊群体，不同年龄段的农村留守妇女人群对于经济收入认知和经济收入需求上存在较大差异，应该结合不同年龄阶段农村留守妇女制定不同的经济收入需求计划。Clarice 等（2020）基于适应能力、文化程度、经济收入状况对迪拜已婚留守妇女幸福感影响的因素展开了研究，通过研究发现适应能力对幸福感的影响最大，简单来说就是适应能力决定了迪拜已婚留守妇女的幸福感。

从上述学者的研究成果中可以了解到，近年来国内外对于农村妇女的关注度越来越高，但总体来说，关于农村留守妇女这一特定群体在经济收入方面的研究较少。

伴随着中国长期产业结构升级与乡村振兴战略的实施，促进农村产业结构调整，在当前条件下，农民的经济收入出现了变化。贵州省是一个相对欠发达的地区，有着大量的女性农民工，在"三农"战略的推动下，贵州省的经济得到了快速发展。为此，项目拟选取贵州省黔东南州岑巩县的沈家湾村作为研究区域，采用文献资料法、调查问卷法和深度访谈法，对其经济收入现状和存在问题进行调查，并根据这些问题提出提高其经济收入的措施。

（二）研究方法

本课题拟以岑巩县沈家湾村为案例，运用定性与定量结合、理论与实践探索结合的科研方法，对农村留守妇女经济收入现状与提高策略进行科学研究，方法如下：

（1）问卷调查法　对于当地农村留守女性的家庭基本状况、家庭的经济主要来源情况、留守女性从事工作的方法、留守女性个人经济收入水平以及个人发展的意愿等内容进行了设置。这次调查的样本是岑巩县沈家湾村 20～60 岁的留守妇女，样本规模是 70 个，主要是由作者和被调查的留守妇女进行当面回答，总共收集了 70 个有效的调查问卷，调查有效率 100％。

（2）实地访谈法　对该村的农村留守妇女进行实地访谈，以深入了解她们在提高经济收入方面所遇到的困境以及她们对自身发展的看法。

三、理论依据

(一)社会性别理论

社会性别的定义来自 20 世纪 60 年代的西方女性主义运动的浪潮。

社会性别理论认为,尽管有不同的生理结构,但男女性应该是平等的。该理论指出,女性所扮演的性别角色,不仅仅受到生理因素的制约,也受到社会和文化因素的制约。社会文化对她们的微小影响,逐渐渗透到她们的社会性行为规范之中,从而塑造出她们不同的角色。社会性别理论重视从联系和发展的角度对性别问题进行科学研究,将女性视为发展的主体,对男性和女性进行横向比较。我们不仅要了解妇女就业趋势随社会发展而发生的变化,而且要了解男女在获得社会资源方面的差异,以及这种差异对农村社会发展产生的影响。

(二)人力资本理论

20 世纪 60 年代美国学者舒尔茨和贝克尔的《人力资本投资》,对人力资本理论进行深入阐述,在学术界开辟了一条新的道路。该理论认为,人力资本是促进生产和发展的核心驱动力之一。在社会发展过程中,个人所拥有的劳动知识和能力属于人力资本。贝克尔从人力资本形成的角度对人力资本进行了定义,重点分析了在职培训的方法,阐明了教育和人力资本在社会发展中的驱动作用,并将人力资本分为两类:专业资本和一般资本。贝克尔认为,人力资本的核心组成部分包括几个方面:首先是劳动者的智力水平。在不断提高劳动者治理水平的过程中,原有的传统要素被取代,人力资本的积累效率也大大提高。其次,教育的发展让个人收入的差距进一步缩小,教育能够在一定程度上提升劳动者的劳动能力和劳动技术含量,进而实现提高生产效率的目标,让个人收入在短期内有显著提升,个人薪资结构也会发生显著的变化。舒尔茨的理论认为,随着经济发展和教育质量的提高,个人之间的收入差距缩小,具有更高专业技能和知识的人在市场环境中变得更具竞争力,这也可以解释为什么在我国西北部的农村地区,一个家庭中的夫妇有一个选择留在村里,另一个进入城市。通常,留在农村地区的妇女受教育程度相对较低,受到社会歧视和教育因素的影响,导致机会比男子少得多。从这个角度来看,如果想改变现状,我们需要在人力资本存量方面为妇女提供更全面的教育和培训。在目前的情况下,女性的人力资本存量远低于男性,这使女性在劳动力市场上处于不利地位,尤其是在外出就业时。继舒尔茨和贝克尔之后,学术界对人力资本理论的研究更深入,取得了更丰富的研究成果。基于此,许多学者提出了创新的学术观点。李忠民等(2011)认为,人力资本需要通过商品和服务来实现价值的转换，人力资本可以分为企业家人力资本以及管理型人力资本等；该学者从国情出发，对人力资本的配置情况以及发展情况进行了评估。潘超（2013）认为人力资本需要花费特定的成本，这里所指的成本包括经济成本以及其他成本，其他成本包括个人的实际技能以及专业能力等，这些都有可能成为影响人力资本分配的主要因素。与此同时，人力资本理论的发展和完善为中国妇女就业问题提供了新的解决方案。它可以从根本上加强妇女的职业能力和知识体系，帮助妇女解决就业问题，促进工作环境中的平等。

（三）家庭经济学理论

《家庭论》一书是贝克尔在 20 世纪 70 年代出版的一部颇具影响力的著作。贝克尔以精细的市场假设为基础，将婚姻生活中的关系和恋爱行为视为一种有别于过去的市场关系和市场行为，并使用特殊的社会经济学工具进行模型的建构。根据贝克尔的观点，夫妻关系形成的真实原因并非因为"规模效应"，而是因为男女具有不同的专业优势，但在能力和收入方面却有很大的差别。生活中的婚姻，就是要使自己和另一方的利益最大化。在"男主外，女主内"这一传统模式中所确立的男女在家庭劳务与社会工作中的责任分工和职责，减少了夫妻间由于工作变换所消耗的时间及劳力，是一种有效的社会职责分工。家庭经济理论也认为，家庭成员的调整遵循了边际收益递减的规律，一夫一妻制为边际收益最有效的婚姻生活方式，也会获得对婚姻生活方式的操纵效果。贝克尔的"家庭经济"理论是一种提升，是一种为近代社会发展奠定基础的新方法。

四、沈家湾村留守妇女基本情况

沈家湾村位于贵州省岑巩县凯本乡的南部。在 20 世纪 60 年代，上干组、陈家湾组、中干组从天马乡划归凯本乡后，与小田坝村雷家坪组、水塘组、屯上组、小龙塘组、洞湾组等合建为沈家湾村。全村共 10 个村民组，439 户，共 1 873 人，男性 1 004 人、女性 869 人，其中留守妇女共 81 人，考虑到农村留守妇女文化程度问题，本次调查需在笔者指导下填写问卷，本次调查共发放问卷 70 份，共回收有效问卷 70 份。

（一）沈家湾村留守妇女年龄结构

本次调查的留守妇女共计 70 人，其年龄区间为 20～60 岁。其中，20～29岁 3 名，占 4.29%；30～39 岁 5 名，占 7.14%；40～49 岁 41 名，占 48.57%，占比最大；50～60 岁 41 名，占 40.00%。从整体来看，集中在 40～60 岁的留守妇女比例高达 88.57%，可见留守妇女年龄偏大（表 2-1）。

表 2-1 沈家湾村留守妇女年龄结构

年龄（岁）	比例（%）
20～29	4.29
30～39	7.14
40～49	48.57
50～60 岁	40.00

从访谈和调查数据可以了解到，沈家湾村的中青年是农民工的主力军。年轻女性通常对婚姻关系有更大的需求，并选择与丈夫一起在城市工作。这些夫妇的父母年纪不大，有能力照顾自己，也可以帮助照顾孩子。因此，这些年轻夫妇通常没有照顾父母和孩子的负担。与年轻女性相比，大龄女性有更强的独立性和自主性，她们对配偶的情感需求也没有那么强烈。此外，这个年龄段的妇女需要照顾老人和抚养孩子。这个阶段的女性更加重视自己的孩子，在孩子就学期间她们通常会选择留在家里。

（二）沈家湾村留守妇女文化程度

通过表 2-2 可以直观看到沈家湾村留守妇女的文化占比情况：小学及以下文化水平的农村留守妇女占比高达 78.57%，初中文化水平占 15.71%，高中及以上文化水平仅占 5.72%。可见，沈家湾村留守妇女整体呈现为低文化水平状态，由于文化水平低，导致她们外出就业机会少、适应环境能力差，对于一些新事物和新技术的学习能力也比较低。因此，这也成为她们留守的因素之一。

表 2-2 沈家湾村留守妇女文化水平结构

文化程度	比例（%）
小学及以下	78.57
初中	15.71
高中及以上	5.72

通过对留守妇女的年龄结构及受教育程度调查可知，沈家湾村留守妇女年龄主要集中在 36～60 岁，而这个年龄的妇女受教育程度普遍偏低，主要集中在小学、初中水平，就目前社会形势而言，低学历的留守妇女在就业方面呈现出较为显著的劣势，因此，靠农村留守妇女群体自身增加经济收入的困难较大。根据大量文献研究得知，过去我国对农村女性的受教育程度不够重视，在

农村男尊女卑的思想较为严重。当时经济水平较低，而农村家庭子女较多，一个农村家庭供不起那么多子女上学，大多父母选择将读书的机会让给家里的男孩，女孩子则负责帮父母分担家务和农活，成年就结婚生子，从而成为一名家庭主妇。

（三）沈家湾村留守妇女就业意愿

本章还调查了已就业与未就业的留守妇女的就业意愿，根据调查结果，有就业意愿的留守妇女占 74.29%，远高于不想就业的女性（表2-3）。

表2-3　沈家湾村留守妇女就业意愿

就业意愿	想就业	无所谓	不想就业
比例（%）	74.29	15.71	10.00

这足以证明，在主观上不愿意就业的留守妇女只是极少数，大多数留守妇女仍然希望通过自己的劳动得到适当的回报，提升自我价值，但是因为各种客观原因，她们无法按照自己的意愿去就业。家庭经济学理论指出，由于男女专业优势不同，"男主外，女主内"是一种对于家庭而言利益最大化的分工模式。于是许多妇女宁愿放弃就业的机会，选择做一名留守妇女。随着中国妇女地位的逐步提高，其自身的价值也得到了充分的认识，再加上互联网的发展，越来越多的乡村妇女开始认识到，在家庭之外，她们还可以在社会上实现自身的价值，她们已经不是过去那种地位低下，只能靠家族传承的封建妇女，而是21世纪受到更多人的关注和认可的新时代妇女。各种不同的想法发展和碰撞，都让她们想要走出自己的家门，走进社会，从围绕着家人打转的小我转变为为社会做出贡献的大我。

五、沈家湾村留守妇女经济收入现状

（一）沈家湾村留守妇女经济收入来源

由表2-4可知沈家湾村农村留守妇女经济收入来源主要有：农业种植、零工、禽畜养殖、个体经营。其中，农业种植是她们获得经济收入的主要来源。大多数农村留守妇女都承担照顾老人和小孩的重任以及各种家务，无法到离家距离较远的地方务工，这也是她们更倾向于从事农业种植的原因之一。根据访谈得知，当地有烟草产业，当地农户将土地租给承包公司种植烤烟并收取土地租金，每年到烟草成熟季节，当地留守妇女就会到烤烟地里打零工，工作内容包括烟草收割、烟草烘烤、夹烟等，以此获得劳动报酬。此外，随着生活水平的提高，人们对于饮食越来越讲究，乡村散养的禽畜口感更佳。因此，留守妇女在家中养一些鸡、鸭、猪等禽畜以供家庭的餐食与出售，每逢过年都会有城里人到乡下来购买，这也成为农村留守妇女们经济收入的一部分。沈家湾村几乎每个村民小组都有一个便利店，几乎都是留守妇女在家里看店，由于距离集市较远，去集市购物较为麻烦，村民们的日常用品几乎都在村里的便利店购买，因此从事个体经营的留守妇女经济收入与其他留守妇女相比较高。

表2-4　沈家湾村农村留守妇女经济收入来源

收入来源	农业种植	做零工	禽畜养殖	个体经营
人数比例（%）	94.28	21.42	61.43	11.43

（二）沈家湾村留守妇女经济收入水平

从表2-5中可以看出，沈家湾村留守妇女的平均经济收入水平较低。年收入为1 000元及以下的有13名，占18.57%；年收入为1 000～3 000元的有27名，占38.57%；年收入为3 000～5 000元的有22名，占31.43%；年收入为5 000元及以上的仅有8名，占11.43%。

表2-5　沈家湾村留守妇女经济收入结构

收入水平（元）	1 000及以下	1 000～3 000（含3 000元）	3 000～5 000（含5 000元）	5 000以上
人数比例（%）	18.57	38.57	31.43	11.43

通过调查和访谈我们可以得知，当地留守妇女大多是为了照看孩子和照顾老人而选择留守，每天需要接送孩子上下学，家里有年迈老人的更是不能离开家。由于身上的责任和重担，这些农村留守妇女不得不放弃经济独立、放弃就业机会，只能在家附近种农作物、养家禽家畜等来获取收入。这也是农村留守妇女经济收入水平普遍偏低的原因之一。

六、制约沈家湾村留守妇女经济收入增长的因素

（一）沈家湾村留守妇女的就业能力低

1. 留守妇女文化程度不高　在就业创业竞争中，农村留守妇女完全处于劣势的地位。文化水平的高低对女性思维的高度和视野的广度具有重要影响。对于没怎么受过教育的农村留守妇女，她们的学习能力以及学习新事物的主动性都相对缺乏，因此她们往往只会选择一些简单的体力活来增加收入，对于创业更是存在排斥心理。本身农民存在保守心理，抗风险能力也较低，所以大多数农村留守妇女基本不考虑依靠创业来增加经济收入。

2. 劳动效率不高 从人力资本理论角度来看，劳动能力也是人力资本的核心要素之一，女性本身劳动能力与男性相比较低，加上沈家湾村留守妇女年龄普遍偏高，与年轻劳动力相比劳动效率也较低，而且农村留守妇女几乎是身兼数职、分身乏术，繁重的家务让她们从事其他工作更加力不从心。如果家庭经济条件不是很困难，她们都甘愿做一个完完全全的家庭主妇而不从事其他劳动或经营活动。

3. 社会性别意识影响 由于自身文化水平不高，加上受到传统思想影响，很多女性对自我价值认识不足，对于自己创造经济收入缺乏自信，经济独立意识淡薄，始终认为男性才是家里的顶梁柱，家庭收入靠男性，女性则安分在家做家庭妇女。长期处于依附状态下，使农村留守妇女产生自卑心理，就业、创业的积极性不高。通过访谈得知，岑巩县沈家湾村自古以来就存在着"男尊女卑"的观念，以及"男主外，女主内"的社会责任分配模式。在乡下，大部分人认为女人在家主持家务、照看老人小孩是"天经地义"；而男人在家，女人出门务工挣钱则是"离经叛道"。调查中我们发现，当地有农村留守妇女的家庭中有 95.71％的家庭主要经济来源依靠男性外出务工挣钱。从男性与女性天生的生理方面的差异来看，这种意识是有效的，但是，在漫长的历史长河里，慢慢地出现了诸如社会影响力等后天的不平等情况，导致了女性在社会资源占据和社会权益分配的全过程中处于被动地位。社会的性别意识成为妇女发展的"束缚"，这也是导致妇女在农村难以提高经济收入水平的重要原因（表 2-6）。

表 2-6　影响沈家湾村留守妇女经济收入的因素

影响因素	文化程度不高	劳动效率不高	缺乏信心
人数比例（%）	94.28	11.42	18.57

（二）沈家湾村农村留守妇女就业困难

1. 缺乏就业机会 农村主要发展农业，与城市相比，就业资源少、机会少。我国的社会经济发展在区域之间和区域内部之间都存在着不平衡现象，城乡发展差距大，经济发展越快的地方资源就越多，而资源越多意味着为农村留守妇女提供的就业渠道就越多。近年来，贵州经济发展虽取得了一定成效，但经济基础仍然比较薄弱，因此，能为留守妇女带来的就业机会较少。另外，当地自身存在的适合留守妇女为家庭考虑的工作岗位较少、类型相对单一等问题，在某种程度上造成了人力资源的浪费，没有能够将留守妇女的富余劳动力用于促进农村经济的发展。本次调查的沈家湾村主要还是以发展农业为主，农村留守妇女就业渠道单一，且这里没有独特的自然景观，距离县城较远，从沈家湾村乘坐公交到县城需要 1.5 小时左右车程，难以发展乡村旅游、农家乐等。

2. 缺乏完善的留守妇女就业技能培训体制　农村留守妇女本身缺乏就业技能，只能从事一些简单的体力活，但目前在乡村振兴战略实施的背景下，数字化农业和先进的农业生产技术开始走进乡村，缺乏专业的技能培训使农村留守妇女无法适应这些新变化，最终被她们熟悉的土地所淘汰。表2-7显示该村农村留守妇女不愿意参加培训的原因主要是没时间，觉得用处不大。从表2-7和表2-8也可以看出，当地就业技能培训机制不完善，缺乏专门针对农村留守妇女的培训，培训方法不对，讲解过于抽象，培训对象难以理解，村民参与度较低。

表2-7　沈家湾村留守妇女不参加就业培训的原因

不参加的原因	不感兴趣	没时间	用处不大	其他
比例（%）	18.57	35.71	40.00	5.72

表2-8　沈家湾村留守妇女对就业技能培训效果的感受情况

感受情况	没效果	有一点收获	收获很大
比例（%）	47.14	40.00	12.86

七、策略建议

（一）加强农村留守妇女文化学习

政府应加大对该村的公共文化资源的投入力度，完善公共文化设施建设，鼓励当地留守妇女积极参与文化知识学习。可以在当地建设农家书屋，使留守妇女可以利用空闲时间阅读感兴趣的书籍，增加知识储备。除此之外，还可以农村留守妇女们喜闻乐见的方式进行文化宣传活动，如组织她们看一些农业方面的纪录片、专题讲座等。

（二）建立健全就业技能培训体制

人力资本理论提出，如果想改变现状，我们需要在人力资本存量方面为妇女提供更全面的教育和培训。要加强对农村留守妇女就业培训的重视，在发展各种新产业项目的同时要时刻关注农村留守妇女技能培训的成效，定期为农村留守妇女免费提供一些专业信息、咨询和就业技能培训，增加多元化培训内容，让农村留守妇女也有能力参与到乡村振兴建设中来。建立健全就业技能培训体制，要为农村留守妇女选择针对性的、容易被她们理解的培训内容，对于不积极参加培训的农村留守妇女要积极做思想开导工作，调动她们参与的积极性。经过调查发现，大部分留守妇女愿意参与就业技能培训来改善就业现状（表2-9）。

表2-9　沈家湾村留守妇女参与就业培训意愿

就业培训意愿	愿意参与	不愿意参与
比例（％）	78.57	21.43

（三）加强基础设施建设力度

完善当地基础设施建设，为当地产业发展壮大创造了良好条件，吸引了更多资源。沈家湾村道路设施完善，但水资源不足。据当地村民描述，自2021年开始当地比较干旱，村民用水供应不足，只能每天定时定点供应自来水，每天08：00和17：00供应自来水，早晚各供应1小时。水资源的缺乏也一定程度上影响了农业种植，当地政府应引起重视，完善供水设施建设，解决灌溉问题。当地除了供水问题，还缺乏基础文化设施和休闲娱乐设施，完善这些设施的建设能提高村民的幸福感，使当地人更愿意返乡创业，同时也能够助力当地特色产业发展。

（四）搭建电子商务平台

沈家湾村不仅种植烤烟，还有红菜薹、党参等品种，将来也可能发展更多的产业。随着互联网的普及，各大电商平台迅速崛起，可以利用好这个机遇，搭建电子商务平台，让当地农村留守妇女自己做主播，将当地特色产业宣传出去，将当地特色产品销售到全国各地。这样既能促进当地经济发展，也能给留守妇女提供实现自我价值的机会，增加她们的经济收入。

八、结论与展望

（一）研究结论

1. 传统思想以及传统家庭分工模式仍束缚女性发展　通过访谈可以得知该村仍受"男尊女卑"思想影响，认为"男主外，女主内"的家庭分工是天经地义。另外，该村仍然存在对女性教育不够重视的情况，部分女生未完成学业就外出务工，而已婚女性在婚后一般选择留守在家带孩子。通过与村民交流可以感受到该村存在严重"大男子主义"，人们认为男性才是一家之主，女性外出抛头露面赚不了多少钱，不如在家照顾老人和小孩。每逢佳节，都是女性忙里忙外，男性则走街串巷娱乐。

2. 该村农村留守妇女的自我发展能力较差　通过问卷调查结果显示，该村留守妇女年龄偏大，学历普遍较低，缺乏专业技能培训。通过查阅大量相关文献可以得知，我国发展较为落后的农村地区普遍存在此情况。要改变农村留守妇女经济收入现状，要从根源上解决她们自身发展能力弱的问题，如加强对女性的素质教育和技能培训等。

3. 农村留守妇女缺乏就业渠道 随着城市化发展，我国农村地区出现了空心化、老龄化现象，如今长期居住在农村的群体以老人、妇女、儿童为主，而农村留守妇女作为三大群体中劳动能力最强的群体，应该积极投身于乡村振兴战略部署中，成为乡村发展的主力军。但从本次调查研究中我们了解到，当前农村留守妇女群体仍然缺乏就业技能和就业渠道，我们应该从产业发展、政策等方面为农村留守妇女参与就业铺设道路，让她们投身到建设家乡中来，同时也可以提高该群体的经济收入水平。

总之，当前农村留守妇女收入水平仍然较低。在乡村快速发展的背景下，农村留守妇女群体依然处于劣势地位。虽然目前乡村经济发展迅速，各种乡村特色产业发展如火如荼，但由于农村家庭分工以及农村留守妇女自身缺乏就业技能，在提升其经济收入方面的作用仍不明显。

（二）研究展望

农村留守妇女是一个很伟大的群体，承担了太多责任，我们应该增加对这一群体的关注。农村留守妇女的经济收入水平较低，其中有她们自身的原因，也有各种外部因素影响。因此，我们希望农村留守妇女能够受到更多人的关注，政府在政策上能够更多关照农村留守妇女，让她们有更多实现自我价值的机会，能够实现经济独立。

九、参考文献

宫敏燕，2016. 留守妇女精神健康问题——基于马克思主义人的全面发展的视角 [J]. 长春理工大学学报（社会科学版），6：69.

李晓广，2015. 乡村自治中留守妇女参政状况的实证研究——基于苏北 S 市的调查 [J]. 中南大学学报（社会科学版），3：175.

刘筱红，施远涛，2014. "四化同步"发展下留守妇女家庭离散问题治理研究——基于中西部六省农村的实地调查 [J]. 人口与发展，1：81.

卢梦凡，2019. 潮汕地区农村留守妇女社会支持网络的社会工作介入——以广东省潮汕地区双百社工站点妇女服务项目为例 [J]. 社会福利（理论版），7：47-52.

罗小锋，2018. 留守妇女的婚姻为何走向解体——基于对农民工家庭的定

性研究 [J]. 江南大学学报（人文社会科学版），1：390.

吕芳，2012. 农村留守妇女的社会支持网构成研究——基于 16 省 66 县 2 414 名留守妇女的调查 [J]. 妇女研究论丛，5：36-42.

潘超，2013. 人力资本理论视角下的高科技中小企业培训研究 [D]. 青岛：中国海洋大学.

施晓娇，2015. 盘锦市留守妇女村务参与研究 [D]. 长春：长春工业大学.

吴惠芳，2011. 留守妇女现象与农村社会性别关系的变迁 [J]. 中国农业大学学报（社会科学版），3：70.

薛子帅，李化树，2008. 农村留守妇女婚姻家庭情况调查报告——以四川省南充市留守妇女为例 [J]. 长春工业大学学报：社会科学报，4：76.

尹玲，2018. 皖北地区农村留守妇女性权益保护问题实证研究——以埇桥区、阜南县为例 [D]. 合肥：安徽大学.

张璐，张永爱，张海苗，2018. 陕西省农村留守妇女家庭亲密度与适应性和抑郁、社会支持的相关性 [J]. 中国健康心理学杂志，9：1374.

Kim Ja Young，2020. Factors for Employment of Women with Disabilities in South Korea [J]. Journal of Evidence-Based Social Work，3：1-12.

Litsardopoulos Nicholas，Saridakis George，Hand Chris，2020. The Effects of Rural and Urban Areas on Time Allocated to Self-Employment：Differences between Men and Women [J]. Sustainability，12（17）.

第三章 农村留守儿童健康素养教育
——以花池村为例

一、引言

2016年，国务院《关于加强农村留守儿童关爱保护工作的意见》指出，留守儿童是指孩子父母亲双方或者其中一方在外务工而留下的一方无监护能力，并且年龄不满16周岁的未成年人。目前，农村留守儿童群体数量越来越大。随着物质基础的改善，留守儿童也不仅仅满足于物质的需要，而是有精神层面的需求了。因此，留守儿童问题有扩大化的趋势。他们有的很小就被送到了寄宿学校，父母将子女的教育寄希望于学校，而农村学校资源也比较匮乏，老师对留守儿童的情感需求也是有心无力。有的或是与年迈的祖辈一起生活，或是寄住在亲友家。在这样的大环境下，农村留守儿童从小几乎感受不到爱的温暖和抚慰，影响其健康积极成长。我国民政部在2018年的调查数据显示，全国2018年共有留守儿童697万人。面对这样一个特殊群体，上到党中央、国务院，下到地方各级党委、政府部门一直都非常关心和重视，出台了一系列法律法规和政策制度来引导教育农村留守儿童。周春芳等（2021）认为教育的错位导致了留守儿童在认知上的偏差，尤其是心理健康问题，农村留守儿童的心理健康问题令人担忧。

留守在广大农村地区的儿童能否健康成长关乎农村孩子自己的前途和未来。本章将从农村地区留守儿童健康素养教育方向深入探究，以花池村花池小学的留守儿童健康素养现状为基础，分析其存在的素养问题并分析原因，并提出改善和解决方案与建议。

二、研究现状综述

(一) 相关概念界定

1. 留守儿童 国内对留守儿童具体定义的界定目前还未完全统一。学者刘志军（2008）提出，留守儿童是特指无法随父母外出生活而只能由代理监护人看护或自我照顾的18周岁以下的未成年人。方一帆（2011）的观点是留守儿童是指因为父母其中一人及以上外出务工而不能得到父母看护的18周岁以下的未成年人。后者更适合作为本章概念界定。

2. 农村留守儿童　农村留守儿童则主要是指农村地区的青壮年劳动力前往外地城市务工，将子女留在农村家里托人照顾，只能留守在农村地区的未成年人。齐璇（2022）认为需要强调的是农村的贫困，父母为养家不得不前往城市打工。

3. 素质教育　素质教育是一种以提高受教育者各方面素质为目标的教育模式。国家教育委员会针对素质教育作出了明确解释，其根本宗旨是要求全面提高学生基本素质，素质教育的基本准则是促进学生德智体美劳的全面综合发展。2018年，全国教育大会首次提出"培养德智体美劳全面发展的社会主义建设者和接班人"这一新要求和培养德智体美劳"五育"并举教育新思想。汪偲偲等（2020）认为德育是素质教育的中心环节，被摆在首要位置，农村留守儿童由于长期缺少父母关爱和正确健康的引导教育和管理，因此这一农村弱势群体的道德教育问题尤为突出。

4. 素养教育　素养教育是指一个人的修养教育。简单说，就是培养人的修养，重在全面发展，体现在文化、自我认知、社会责任和行为素质等方面。对未成年人而言，其与传统的重视考试成绩的应试教育不同，主要通过培养孩子的各方面的素养促进孩子全面健康发展。本研究从对调查对象的心理健康程度、生活学习能力和个人卫生行为习惯等方面对其素养水平予以考察。

（二）国内外研究综述

1. 国外研究综述　国外的国情不同于国内，关于农村留守儿童的相关研究较少。杨明辉（2020）认为我国农村留守儿童是在经济快速发展以及社会现代化过程中，因为大量农村劳动力外出务工而留下孩子产生的弱势群体，在国外没有对留守儿童这一群体的明确解释与定义，但是国外呈现的亲属抚养儿童的问题有很多地方与我国农村留守儿童较为相似。国外亲属抚养是指由除父母外的血亲、同种族部落成员、儿童的养父母或其他亲属负责孩子生活起居、监管照顾。

留守儿童这一群体是发展中国家社会学、教育学和心理学等多个学科十分关注的话题。通过阅读大量外国文献，发现国外对素质教育的解读和研究更多偏向于"优质教育"，所以留守儿童教育相关研究都是优质教育研究，具体内容如下：

第一，关于父母迁徙对儿童教育入学影响的研究。Silvia等（2019）指出，对于拥有接受免费教育资格的留守儿童来说，父母迁徙对他们的入学率将产生一定的负面影响，可是对于无法继续获得国家教育资助或接受免费教育的大龄留守儿童来说，父母迁徙却会对其入学率产生积极影响。同时，研究发现父亲迁徙对于留守儿童教育的影响很小，但是母亲迁徙会明显降低年幼儿童上学的可能性。

第二，留守儿童教育的困境及对策。Bunga 等（2022）使用 photovoice 技术探索了印度尼西亚西帝汶留守儿童的生活状况，提出留守儿童问题是大部分发展中国家的一个共同问题。该研究发现国外情况与国内不太一样，父母离去使得留守儿童在物质经济上不断挣扎，使得他们的注意力和优先选择从被教育转移到生计工作。因此，对于印度尼西亚西帝汶留守儿童而言，加强家庭一级的经济支持，实施以学校为基础的干预措施可能是向解决留守儿童问题迈进的关键。

第三，留守儿童和非留守儿童对比研究。心理健康层面的差距明显。O'Neill（2014）指出，非留守儿童与缺乏父母陪伴的留守儿童区别主要体现在两个方面：首先，更难与人相处。农村留守儿童群体容易出现难以接触的问题，他们性格内向，习惯独处，不擅长与人社交。其次，他们更容易有心理健康问题。在 O'Neill（2014）调查研究的 1 400 个家庭中，20%～25%的留守儿童表现出生活情绪低落、无责任心、性格孤僻、反感社交等问题，而非留守儿童家庭的孩子出现此类问题的仅占 10%以下。此外，身体健康状况也是留守儿童与非留守儿童之间显示出的一个明显差距。Raait 等（2021）在文章中提出，相较于非留守儿童的身体素质，留守儿童的身体素质明显差一些，身体健康程度低于非留守儿童。总体而言，受国际移民影响的儿童往往具有与中国留守儿童相似的身体健康结果。

2. 国内研究综述 国内有关"留守儿童教育"的研究始于 20 世纪 90 年代初期。通过对相关文献的梳理，将研究历程分为五个阶段：第一个阶段是初始阶段，从 1994 年至 2001 年，在这 7 年间以"留守儿童"为检索关键词，相关研究和报道很少，主要为呈现式研究，并没有对其进行详细调查研究，这说明当时国内的留守儿童问题刚开始萌芽不够突出，没有引起社会关注。到了第二个阶段，从 2002 年至 2005 年，相关文献就已经有 112 篇，各地相关调查报告大幅度增加，学者们不仅开始深入研究，而且政府以及社会组织开始关注这一问题。叶敬忠（2005）对留守儿童研究方向也开始进行了反思，在此阶段更是有启蒙性的跨越教育视角的专著问世。此阶段正是我国经济快速发展的时期，留守儿童问题愈发突出，大量农村劳动力外出务工，导致了农村留守儿童这一群体在留守儿童群体中更加突出。2006 年至 2009 年为相关研究的第三阶段，国内有关留守儿童的文献总量急剧增加，达到

3 035 篇。此时更多学者和研究人员开始将目光聚焦留守儿童群体，将留守儿童作为社会资助的重点。当时对留守儿童话题的各方面均有研究讨论，研究成果丰硕，热点话题主要在留守儿童的身心能否健康成长、步入社会存在的问题等。第四个阶段从 2010 年到 2015 年为热点阶段，此时的研究者们已经对农村留守儿童素质教育展开研究讨论，并开始深入分析近代农村留守儿童素质教育存在的根本问题以及根本原因。例如，谌海莲（2008）研究中曾指出国内经济发展的不平衡导致父母离乡背井外出务工，同时因为城乡二元结构的制约，孩子不能留在身边教育等各方面原因，最终导致农村留守儿童素质教育的缺失。而留守儿童素质教育中如果存在父爱母爱的亲情缺失则会导致农村留守儿童文化学习不良等问题。第五个阶段从 2016 年至今，是持续关注阶段，各类学者结合政策继续对留守儿童素质教育展开研究。在这一阶段学者们开始探究政府的相关政策落实后是否能起到保障农村留守儿童的素质教育的作用。例如，崔艳敏（2016）就曾提出我国政府应该提高国民经济中教育层面的占比，加大国内教育资金的投资，特别是对农村地区的基础教育投资。

3. 国内外研究述评　综上所述，国内外研究结论和对策建议硕果累累，为中国留守儿童的相关教育问题提供了新的启示和思路，也为本章关于农村留守儿童健康素养教育的研究提供了理论指导和思想启发。纵观留守儿童相关的研究成果不难发现，留守儿童心理及教育问题研究占据主要地位，而对素质教育进行的专门研究数量较少且年份较早，故本章以中国农村留守儿童健康素养教育为题，试图在了解当前农村留守儿童素质教育现状的基础之上，提出对于留守儿童健康素养教育的建议和改进策略。

三、花池小学留守儿童健康素养教育现状

（一）调查对象

本章以贵州省道真县隆兴镇花池小学为例，通过发放调查问卷，结合实际情况，对农村留守儿童健康素养教育问题进行细致探究。隆兴镇地处道真仡佬族苗族自治县东南部，总面积 168.27 千米^2，有户籍人口 31 074 人，由爱国、莲池寺、浣溪和杉木 4 乡组成。

花池小学共有 71 名学生，由表 3 - 1 数据可见，其中双亲中一人外出的留守儿童 26 人，占比 36.62%；双亲均外出的留守儿童 12 人，占比 16.9%；留守儿童总人数 38 人，占比 53.52%。调查发现，双亲均外出的留守儿童都是爷爷奶奶以隔代的方式监护，所以隔代监护的学生有 12 人，同样占比 16.9%。

表 3-1　花池小学留守儿童占比

项目	人数（人）	百分比（%）
双亲外出（隔代监护）	12	16.9
双亲之一外出	26	36.62

（二）调查内容

1. 学业情况调查　通过问卷调查，收集到关于花池小学学生的期末成绩，我们将多科成绩总和按 100 分制换算为总成绩，成绩在 60 分以下为不合格，60～70 分为合格，70～80 分为良好，80～100 分为优秀。通过统计，由表 3-2 里的统计数据发现在成绩不合格的学生中，留守儿童的比重为 80%，合格分数区间的学生中留守儿童比重为 71.43%，良好和优秀成绩的学生中留守儿童占比分别为 20.05% 及 14.28%。

表 3-2　花池小学期末成绩等级

项目	人数（人）	占总人数的百分比（%）	留守儿童数（人）	占留守儿童总数的百分比（%）	留守儿童占比（%）
不合格	10	14.08	8	21.05	80
合格	35	49.3	25	65.79	71.43
良好	19	26.76	4	10.52	21.05
优秀	7	9.86	1	2.63	14.29
总计	71	100	38	100	

2. 心理健康情况调查　通过问卷调查并对问卷问题赋分，借鉴中小学生心理健康量表《心理健康诊断测验（MHT）》，从中整理筛选以及创新了 50 个题目，赋分 100 分。测验的计分规则是：凡是选"√"答案记 0 分，选"×"答案记 2 分，满分 100。收集关于花池小学心理健康问卷调查的统计，将问卷调查得分分为 4 个等级：60 分以下视为心理健康不合格，60～70 分视为心理健康合格，70～80 分视为心理健康良好，80 分以上的得分视为心理健康优秀。由表 3-3 可见心理健康情况不合格的学生中，留守儿童占 86.67%；合格的学生中，留守儿童占比 63.33%；良好的学生中留守儿童占比 30%；优秀的学生中留守儿童占比 0%。

表 3-3　花池小学学生心理健康等级

项目	人数（人）	占总人数的百分比（%）	留守儿童数（人）	占留守儿童总数的百分比（%）	留守儿童占比（%）
不合格	15	21.12	13	34.21	86.67

项目	人数（人）	占总人数的百分比（%）	留守儿童数（人）	占留守儿童总数的百分比（%）	留守儿童占比（%）
合格	30	42.25	19	50	63.33
良好	20	28.16	6	15.79	30
优秀	6	8.45	0	0	0
总计	71	100	38	100	

3. 外出父母回家探望留守儿童的频率调查　通过问卷调查花池小学 38 名留守儿童，以及电话、实地访问他们的监护人的方式调查留守儿童的父母回家探望子女的频率。对这 38 名留守儿童以及他们的代理监护人进行家访，利用制定的问卷对外出学生父母以及留守儿童进行线上线下交流访谈，最后统计数据，对有关数据进行整理分析（表 3-4）。

表 3-4　外出学生父母回家探望留守儿童的频率

频率	人数（人）	百分比（%）
1 个月 1 次	4	10.53
1～3 个月 1 次	9	23.68
3～6 个月 1 次	10	26.32
6～12 个月 1 次	15	39.47
1 年及以上 1 次	0	0
合计	38	100

其中，外出父母 1 个月探望 1 次的留守儿童有 4 人占比 10.53%，1～3 个月探望 1 次的有 9 人占比 23.68%，3～6 个月探望 1 次的有 10 人占比 26.32%，半年以上回家探望 1 次的有 15 人占比最高达到了 39.47%。当然，所有的外出父母都会一年内回家探望。

4. 网络沉迷现象　我们针对花池小学留守儿童在寒假期间的电子设备使用时间进行统计，并对他们的课外兴趣爱好活动的参与率也进行了调查。问卷访谈发现，多数留守儿童玩游戏时间较长。通过线下访谈发现老人对留守儿童的物质需求和身体健康关注较多，但其他方面则采取听之任之的态度。而这也导致本来自我约束能力就低的农村留守儿童更是无法拒绝网络的诱惑。父母也因为不在孩子身边且忙于工作没有办法进行监督，无论是父母一方还是双方都在外打工，他们在留守儿童的互联网使用上并未发挥太多的监管或引导作用（表 3-5、表 3-6）。

表3-5　花池小学留守儿童寒假网络使用时间

假期电子设备使用时间（小时/天）	人数（人）	百分比（%）
0～3	2	5.26
3～6	17	44.74
6～8	16	42.11
8以上	3	7.89
合计	38	100

表3-6　留守儿童课外活动参与情况

课外活动	人数（人）	百分比（%）
体育类	15	39.47
益智类	9	23.68
阅读类	20	52.63
艺术类	7	18.42
均无参加	8	21.05

5. 留守儿童行为习惯素养问题　通过线下家访花池小学留守儿童以及非留守儿童，与学生监护人交谈，对学生家庭居住环境观察记录，发现在农村留守儿童素养教育方面存在问题。其中：

一是对于留守学生孩子学习习惯的培养监督是缺乏的。由表3-7可知，花池小学71户家庭中有14户的监护人完全对孩子的学习习惯的培养没有监督与教导，其中包括阅读习惯、笔记习惯、复习习惯等；有22户的监护人对于孩子的学习习惯有督促，但是效果不好；18户的家庭对于孩子的学习习惯的培养比较重视，监督效果不错；17户的家庭对于孩子的学习习惯进行有计划的培养，学生的学习习惯良好。14个完全无监督的家庭均是留守儿童家庭，其中12个都是隔代监护家庭，由爷爷或者奶奶照顾起居，父母均已外出务工。大部分爷爷奶奶均表示自己没有文化，无法督促，偶尔的督促方式就是催孩子去写家庭作业，学业靠孩子自觉。

表3-7　监护人对学习素养培养重视情况

学习素养培养情况	人数（人）	留守儿童人数（人）	留守儿童人数占比（%）	非留守儿童人数（人）	非留守儿童人数占比（%）	隔代监护儿童人数（人）
不达标	14	14	100	0	0	12
勉强达标	22	19	86.36	3	13.64	0
达标	18	3	16.67	15	83.33	0
良好	17	2	11.76	15	88.24	0

二是农村留守儿童在生活卫生素养方面存在问题。通过走访调查记录，在71个家庭中，有20个学生的卫生习惯是不达标的，其中7个学生卫生习惯极差。通过具体了解，他们均是由爷爷奶奶照顾，而且个别爷爷奶奶身体不好，行动不便，整个家庭的卫生环境也不算好。这7个学生也属于内心压抑型，访问时不爱说话，回答问题唯唯诺诺。家里的卫生条件不好，洗漱、洗浴设施简陋、破旧。

三是农村留守儿童饮食素养存在问题。分别对学生购买垃圾食品的频率（表3-8）、在家饮食满意程度、在校学生餐满意程度以及因饮食不健康不完善而发生肠胃病的情况进行调查。

表3-8　学生购买垃圾食品的频率统计

购买垃圾食品频率（次/周）	总人数（人）	留守儿童人数（人）	留守儿童人数占比（%）	非留守儿童人数（人）	非留守儿童人数占比（%）	隔代监护儿童人数（人）
0～1	7	2	28.57	5	71.43	0
1～3	40	15	37.5	25	62.5	3
3～7	19	17	89.47	2	10.53	5
7以上	5	4	80	1	20	4

通过统计，留守儿童购买垃圾食品的频率普遍较高，特别是隔代监护的留守儿童。对于饮食满意度的情况调查，大部分的学生对于学校学生餐的满意度较高；而在对家庭饮食的满意度调查中，有一半以上的学生满意度低于学校学生餐，其中大部分是留守儿童。通过统计，全校71名学生中有26名学生在半年内因饮食不卫生而发生过肠胃病痛，其中21名是留守儿童。

(三) 调查结果分析

1. 家庭监护缺失而导致的家庭功能不完整　父母无法监护农村留守儿童是农村留守儿童出现问题的根本原因。相较于普通儿童，其根本区别在于因与父母异地带来的沟通联系不及时、监督不到位的差异。本章对花池小学留守儿童与他们父母的见面频率和聊天话题进行了访问调研，部分家长在3个月内回家探望一次，占比达到34.22%左右；但大部分家长在3～12个月才回家探望一次，占比高达65.78%；因外出务工地较远，有39.47%的留守儿童与父母超过半年以上才可见面一次。虽然长时间的独立生活对孩子的独立能力有提升，但严重缺少父母的关心会对农村留守儿童的心理健康产生消极影响。家庭温暖长期缺失，父母的关爱逐渐淡化，花池小学留守儿童的思想观念、行为习惯、学习兴趣等方面得不到长期有效的监督和指导。从这一点看，长期缺乏父母照顾对于培养留守学生的"三观"以及良好的生活素养是极其不利的。

2. 心理健康问题 花池小学留守儿童长时间与父母相隔两地，导致各种不健康心理问题的出现，留守儿童的情绪状态也逐渐变差。本章针对留守儿童情绪状况进行了调研。

通过表3-3可以看出，相对于普通学生，留守儿童的心理健康等级是较低的。表3-9可以看出，在留守儿童中，父母只有一人外出的留守儿童的情绪状态较良好，只有少数存在焦虑抑郁的情况；而父母都外出的留守儿童的情绪不良状态大部分较严重，呈现抑郁孤单的情绪，说明父母对于这个阶段儿童的影响较大，父母的关爱是祖父母的关爱所弥补不了的。

表3-9　花池小学留守儿童的心理情绪状况

情绪状况	非隔代监护人数（人）	百分比（%）	隔代监护人数（人）	百分比（%）
平静	18	69.23	0	0
焦虑	5	19.23	2	16.67
抑郁	3	11.54	3	25
孤独	0	0	6	50
自卑	0	0	1	8.33
人数总计	26	100	12	100

3. 网络沉迷现象 通过表3-5对于留守儿童假期网络使用时间的调查分析，花池小学留守儿童在寒假期间的网络沉迷现象表现严重。当孩子们将大量假期课余时间用在网络世界里，便没有兴趣去参加其他课外活动，健康的兴趣爱好也得不到培养。通过表3-2、表3-5及表3-6的分析，会发现留守儿童的学习成绩和课外活动的参与率均受到网络使用时间的影响，通过走访调研发现花池小学留守儿童在假期使用电子设备时间超过日均3小时的占比高达94.74%，这体现出网络沉迷现象在花池小学的留守儿童群体中较为严重，不仅影响学习成绩，还减弱了假期课外活动的激情，有20%左右的留守儿童不爱参加课外活动。小学生的世界观、人生观和价值观都在慢慢形成，这个阶段的孩子心智并不成熟，而网络世界里却难免会接触低俗内容，这极不利于建立农村留守儿童健康正确的"三观"。

4. 留守儿童健康行为习惯素养问题 一是农村留守儿童因为没有父母日常的监督培养，导致他们的阅读习惯、笔记习惯、复习习惯均较差。其中，如果只是父母一方外出，情况会有所改善；而如果是只有祖辈在家照顾，因监督能力较弱，对于学习方面的管理能力不够强，不能帮助学生安排学习计划，导致这种隔代监护的留守儿童的学习习惯不好，是学习成绩不好的根本原因。二是个人卫生行为习惯的培养。留守儿童的卫生习惯较差，缺乏教育引导，监护人忙于生计或限于自己身体条件，对于学生日常卫生习惯的关心不够，也导致学生不在意个人卫生，或者没有较好的卫生条件来改善个人卫生，从而导致性格内向，不能融入群体。三是留守儿童饮食习惯素养需要改善。通过分析，留守儿童更喜欢学校的学生餐，也更喜欢在放学回家路上购买廉价劣质的垃圾食品。通过走访分析，其中大部分原因是在家饮食不够丰富。留守儿童爱吃学校学生餐，说明学生并不挑食；非留守儿童在父母的照顾下吃得比留守儿童更健康丰富；特别是隔代监护的留守儿童，靠爷爷奶奶做饭，吃得也不讲究，对于饮食也是将就的态度，营养摄入不全面，导致留守儿童的饮食习惯越来越差，消化系统疾病更容易发生在留守儿童身上。

（四）不同地区留守儿童现状对比分析

皮海峰和吴兴柏（2023）对巴东县留守儿童进行了实地调查，把本章结果与之进行对标分析。研究中不仅将留守儿童父母回家探望的频率作为一种参考指标，同时通过调查父母与留守儿童的主要谈话内容来侧面体现父母对留守儿童的关注点，这一点非常值得借鉴。从其研究中不难看出随着留守儿童年龄的增长，外出父母对于留守儿童学生学习成绩的关注程度越来越高，但是对于孩子的身体健康、衣食住行、心理情绪以及人际交往的关注度越来越低（表3-10）。在心理情绪、人际交往方面的关注度随着年龄的增长而减少，尤其是进入中学阶段后，关注度分别仅有58.9%和68.6%。农村留守儿童进入中学后，思想观念进入重要的阶段，他们也开始更自主地选择个人的交际圈子，接触各种各样的思想价值观念。恰恰在这一环节，来自父母的关心帮助越来越少，缺少父母的指导，农村留守儿童没有为他们指明思想道路的助力，就容易沾染歪风邪气、不良爱好以及形成低俗行为习惯。再通过本章的研究中表3-6以及表3-7对于花池小学留守儿童健康素养的调查情况，可以明显看出，花池小学留守儿童的父母并没有意识到对于留守儿童行为素养的培养的重要性，把询问成绩当作对孩子的关心，忽视了孩子在成长过程中需要父母引导的习惯素养养成。

表3-10 外出父母与留守儿童的主要谈话内容（%）

交流内容	学前阶段	小学阶段	初中阶段
学习成绩	81.8	93.6	98.0
身体健康	96.0	87.3	80.4
衣食住行	98.4	85.0	78.4
心理情绪	78.3	63.6	58.9
人际交往	79.6	74.4	68.6

在当前手机通信及网络技术发达的情况下，外出务工父母与留守儿童的通信联系较为频繁，但网络异地沟通与面对面交流的效果仍有较大的区别。该研究统计了×乡留守儿童在假期的网络使用时间及课外活动情况，调查结果见表 3-11、表 3-12。可以看出，学前阶段、小学阶段和中学阶段的×乡留守儿童在假期使用电子设备上网时间超 6 小时/天的比例分别高达 11.2%、25.9% 和 36.7%。由此可知，农村留守儿童对于网络使用自制力极低，并且随着成长越发沉迷在网络世界。他们的研究有一些值得本章学习的地方，如将留守儿童不同时间的状况都考虑进去，可以看出×乡留守儿童成长发展的趋势。

结合表 3-5 以及表 3-6 进行比较分析，发现随着留守儿童年龄的增大，电子设备使用时间越来越长，可以预见如果花池小学的留守儿童再不规范电子设备的使用时间，当他们升入中学时，沉迷网络的现象会更加严重。

表 3-11　留守儿童假期网络使用时间

假期电子设备使用时间（小时）	学前阶段（%）	小学阶段（%）	初中阶段（%）
0~1	39.0	19.6	7.4
1~3	28.5	29.5	27.8
3~6	20.3	25.0	28.1
6~8	6.6	11.6	16.7
>8	5.6	14.3	20

表 3-12　留守儿童课外活动参与情况（%）

课外活动类型	学前阶段	小学阶段	初中阶段
体育类	51.3	57.0	57.4
益智类	68.7	64.8	24.0
艺术类	64.6	51.8	51.9
阅读类	46.9	57.4	35.2
均无参加	4.3	7.8	16.7

对比表 3-12 中的留守儿童课外活动参与情况来看，随着年龄的增长，不参与课外活动的留守儿童比例越来越高，益智类、艺术类及阅读类的课外活动参与率总体呈下降趋势。其中，阅读类尤为重要，×乡的留守儿童从学前阶段到小学阶段的阅读活动参与度是上升的，达到 57.4%，可到中学阶段下降至35.2%，这说明留守儿童在小学阶段是阅读习惯培养的最佳时期，没有正确的引导，代理监护人并没有重视留守儿童阅读素养的培养，以至于在无人监督的情况下，更多的时间沉迷在网络的世界。

张翠翠（2022）对于学生的课后辅导进行了详细研究，可与本章花池小学学生期末成绩以及监护人对学习素养重视的研究进行对标分析。在表 3 - 13 中，农村留守儿童反映出的占比最大的问题是"课后缺乏有效监督与辅助"这一项，老师则反映留守儿童学习困难是因为"自己不努力，不想学习"。可以看出张翠翠的研究的优点在于她将这一问题分别用学生调查问卷和教师调查问卷来进行调查，更加严谨、科学。

表 3 - 13　学生面临最大学习困难统计

| 选项 | 学生调查问卷 | | | | 教师调查问卷 | | | |
| | 留守儿童 | | 非留守儿童 | | 留守儿童 | | 非留守儿童 | |
	数量（人）	百分比（%）	数量（人）	百分比（%）	数量（人）	百分比（%）	数量（人）	百分比（%）
课后缺乏有效监督与辅导	259	39.54	82	13.20	74	30.45	43	17.70
自己不努力，不想学习	225	34.35	245	39.45	97	39.92	91	37.45
学习基础差	106	16.18	79	12.72	59	24.28	86	35.39
其他	65	9.93	215	34.63	13	5.35	23	9.46
合计	655	100	621	100	243	100	243	100

无论是学生还是教师的调查中，我们都可以发现农村留守儿童学生面临的最大学习困难主要集中在"课后缺乏有效监督与辅导""自己不努力，不想学习"两方面。结合本章表 3 - 3 以及表 3 - 7 的调查结果进行对比分析，可见对于留守儿童而言，现阶段代理监护人对于课后学习的重视度是不够的，这也是留守儿童成绩普遍低于非留守儿童的原因，课后的监督和辅导是极其重要的，是培养学习素养的关键。

四、对策建议

（一）短期对策建议

第一，改善留守儿童的生活环境。环境决定人的心情，影响儿童个人卫生素养。好的环境带来好的情绪可以改善儿童的心理健康状态。对于家庭贫困或监护人腿脚不便的留守儿童家庭，学校应联合政府进行定期的走访，定期指派老师或者工作人员对留守儿童家庭的卫生条件进行改善。

第二，学校定期进行学生的心理健康测试，并设立心理健康辅导课程和宣讲活动。可以根据情况设立一月一次或者半学期一次，必须有效监督学生的心理健康状态，才能及时进行引导和改善。

第三，开设留守儿童亲情专线，定期引导学生与外出父母取得联系。无法感受父爱、母爱的生活状态是留守儿童出现压抑、抑郁的直接原因。向家长普及心理健康素养的重要性，引导家长多关注儿童，采取回家探望、网络视频、手机电话等实施办法。对于极度缺乏父母关爱的留守儿童，学校应该定期家访慰问，班主任利用课余时间多加关心慰问，让学生远离孤独，感受到温暖呵护。

第四，对留守儿童网络素养进行引导培训，对其监护人强调监督网络使用时间的重要性。花池小学的留守儿童在假期的网络使用时间严重超标，因为隔代监护人年纪大，普遍文化水平低，也容易溺爱孩子，很多爷爷奶奶管不住孩子使用手机上网。研究中可以发现留守儿童使用手机上网时间远超非留守儿童，这也是导致留守儿童学习习惯不佳、学习成绩不好、课余活动不健康的直接原因。需要学校对其监护人进行引导培训，对学生进行引导教育，开展防沉迷网络家长会和合理使用手机上网等相关课程讲座，严格规范学生上网时间。

第五，丰富学生健康的课余活动，引导留守儿童积极参与。留守儿童不及非留守儿童乐观开朗，丰富的课余活动可以带动留守儿童积极参与，利于融入群体，减少生活的孤独感。学校应该定期举办集体活动，如植树、读书会、唱歌比赛等集体性活动，鼓励留守儿童积极参与。确保体育课上课质量，健全体育运动设施。开设课后兴趣班，设立益智类、阅读类、体育类、艺术类的兴趣培养课，与日常课程相结合，引导学生全面发展。

第六，提高留守儿童的个人卫生素养。留守儿童因为在家受到的监护不够科学，一些老年人并不看重孩子的个人卫生，导致留守儿童个人卫生素养差、卫生习惯不好，在花池小学一学期内出现过肠胃症状的学生中，超过 80％为留守儿童。

第七，加强对于留守儿童饮食健康的监管，尤其在校期间保证学校午餐营养卫生。学校应该严禁学生在校期间购买垃圾食品，对带垃圾食品进校进行引导教育。开家长会强调饮食健康问题，对留守儿童家长宣传引导，鼓励家长主动改善留守儿童的家庭饮食，意识到学生饮食健康的重要性以及放任学生吃垃圾食品的危害。

(二) 长期计划

1. 推动社会宣传推广，促进社会广泛关注　乡村振兴战略中明确要求，要推进农村教育事业的发展。同时，随着教育改革的不断深入，中央到地方政府也先后出台了多项有关推进教育事业发展的政策。隆兴镇政府以及花池村村委会要落实政策要求，加大对农村留守儿童健康素养教育的宣传力度。各级政府、社会应当加大对花池村留守儿童素质教育的重视力度，从教育的内容、花池小学留守儿童健康素养教育的重要性以及教育的具体方法和途径等多方面多角度对健康素养教育展开宣传，提升社会教育工作者、教师以及留守儿童监护人等群体对留守儿童素养教育的认识，提高对留守儿童健康素质教育的重视程度，并提供科学可行的指导。

2. 大力发展农村优势产业，吸引外出务工农民回乡 增加财政拨款，促进经济发展。因地制宜地发展农村特色产业，整合花池村农业资源，由政府牵头引进优质企业，建立适宜当地的产业链，修建工厂让农民工可以在家门口工作，吸引外出农民工"走回来"。父母的关爱是儿童健康成长不可或缺的，在发展当地经济的同时，解决农民工工作问题，缩小留守儿童规模，让更多的农村留守儿童能感受到家庭的温暖。

五、参考文献

谌海莲，2008. 宜春市农村留守儿童素质教育调查研究 ［J］. 科技信息（学术版），32：373，375.

崔艳敏，2016. 基于偏远山区留守儿童素质成长教育发展探究 ［J］. 新教育时代电子杂志（教师版），1：255.

段成荣，周福林，2005. 我国留守儿童状况研究 ［J］. 人口研究，1：29-36.

方一帆，2011. "十二五"时期我国政府解决农村留守儿童问题对策探究 ［J］. 长春工程学院学报（社会科学版），12（2）：76-78.

刘志军，2008. 留守儿童的定义检讨与规模估算 ［J］. 广西民族大学学报（哲学社会科学版），30（3）：49-55.

罗国芬，2005. 从 1 000 万到 1.3 亿：农村留守儿童到底有多少 ［J］. 青年探索，2：3-6.

皮海峰，吴兴柏，2023. 乡村振兴视阈下农村留守儿童问题研究——基于巴东县×乡的实地调查 ［J］. 三峡大学学报（人文社会科学版），45（1）：54-61.

齐璇，2022. 农村留守儿童素质教育研究 ［D］. 合肥：安徽农业大学.

汪偲偲，游海潮，2020. 论马克思人的全面发展理论及其当代教育价值 ［J］. 现代交际，14：203-205.

吴霓，2021. 我国农村留守儿童关爱服务体系的政策、实践与对策研究 ［J］. 湖南师范大学教育科学学报，20（5）：59-68.

杨明辉，2020. 农村留守儿童道德教育问题及对策研究 ［D］. 南昌：江西理工大学.

叶敬忠，2005. 关注留守儿童：中国中西部农村地区劳动力外出务工对留

守儿童的影响 ［M］. 北京：社会科学文献出版社.

张翠翠，2022. 农村留守儿童学校教育问题与改进研究 ［D］. 济南：山东师范大学.

中华人民共和国民政部，2016. 《国务院关于加强农村留守儿童关爱保护工作的意见》解读 ［J］. 中国民政，6：41-42.

周春芳，苏群，张立冬，2021. 乡村振兴视域下农村留守儿童人力资本质量研究 ［J］. 江海学刊，3：109-114.

Bunga B. N. , Benu J. M. Y. , Kiling, et al. , 2022. Left-behind children in West Timor, Indonesia：a brief report ［J］. Vulnerable Children and Youth Studies，17 (1)：55-60.

O' Neill, Dishion T. J. , et al. , 2014. A brief measure of peer affiliation and social acceptance (PASA)：validity in an ethnically diverse sample of early adolescents ［J］. Journal of clinical child and adolescent psychology，43 (4)：601-612.

Raait J. , Lindert J. , et al. , 2021. Parent Emigration, Physical Health and Related Risk and Preventive Factors of Children Left Behind：A Systematic Review of Literature ［J］. International Journal of Environmental Research and Public Health，18 (3)：1167-1168.

Silvia M. A. , Yeoh et al. , 2019. Parental migration and the educational enrolment of left-behind children：evidence from rural Ponorogo, Indonesia ［J］. Asian Population Studies，15 (2)：190-208.

第四章 贵州少数民族地区智障群体权益保障及路径
——以台江县施洞镇为例

一、引言

  根据 2022 年中国残疾人事业统计年鉴数据，截至 2021 年，我国已办理残疾证且有数据记录的残疾人共有 38 049 193 人。农业户籍的残疾人员有 30 129 212 人，占比 79.1％；其中智力残疾人员共有 3 427 599 人，占残疾人总数的 9％。改革开放以来，我国颁布了一系列帮助残疾人事业发展的政策，实施了一系列帮扶措施。然而，在各种残疾人中，智障人员的总体保障情况不容乐观，智障群体权益保障问题急需关注和解决。近年来，我国对智障群体权益的法律研究较多，主要从城市特殊教育学校或者政府机构来进行研究。城市是我国对智障群体权益保护比较完善的地区，智障群体的权益得到较好的保障，并且城市工资水平相对较高，城市家庭负担智障人员生活的压力相对较小。但是我国残疾人群主要集中在农村地区，并且农村作为我国经济发展相对落后的地区，国家对智障群体权益保障相对不太完善，社会支持体系建设相对不完善，文化环境相对保守，对智障人员有一定排斥。周蓉（2022）通过研究发现智力障碍女性面临的社会认同问题可分为情感、态度、观念和行为四种，无论是哪一种，都是对智障女性"他者"生活的构建，都是对于智障女性同类人的否定。农村家庭经济收入相对城市地区低，这严重增加了家庭经济负担。本章在当前的研究背景下，依据地域划分，从少数民族农村出发，通过发现农村智障群体权益保障的缺失之处，提出自己的见解和解决方式，为政府政策提供一定参考。本次调查研究的对象为施洞镇 9 个村（居）智障群体的合法权益，通过半结构式访谈，调研当地智障人士的生产生活情况及政府帮扶措施以发现当地对智障人士权益保障的漏洞，提出保障措施及实现路径。

二、发展背景与研究方法

（一）发展背景

"智障"的名称和别称有很多，如"智力障碍""智力残疾""智障者""智力缺陷"等。所以，本研究在进行文献检索的时候，将以上几个关键词同时输入，以获取更加全面的文献资料。在学术论著中，凡是涉及"智力落后""智障""智力缺陷"的词语，都与"智障"画上等号。

国外学者对智障者的权益保护的研究，侧重于智障原因、智障人群的教育和就业、社会排斥与融入等方面。在原因上，Matti 和 Juhani（2009）认为传染病是导致智力低下及其他伴随的神经系统后遗症的原因。与此同时，Kris Kaemingk 和 Andrea（1999）认为产前饮酒在一定概率上会导致新生儿智力发育异常。产前酒精暴露会对认知和适应功能产生毁灭性影响，胎儿酒精综合征是造成智力迟钝的主要原因之一。某一或某些基因链条的缺陷或突变是导致智力低下或发育缺陷的重要原因。朱雪娜和梁爱民（2010）发现，轻度智力障碍患者大部分在医学上并没有异常发现，社会文化心理因素是造成其智力发育异常的重要原因，主要是由于在出生后长期处于不良的社会文化环境之中以及某些心理创伤所导致。随着社会生活水平的提高，社会环境的改善，由环境因素所造成的智力问题的比例在相对减少。同时，后天大脑受损也是可能导致后天智力障碍的重要原因之一。在教育及就业上，丁艳丽（2018）通过对美国"自我决策生涯发展模型"在美国智障学生就业中的研究，发现有目标计划的学习更有利于提高智障人群的就业率。对此，我国可以在其基础上改进，因地制宜转化为对我国残障事业发展的一个助力。在社会融入与排斥上，Olivier 等（2022）通过实验发现，智障青年患上抑郁病的原因往往是缺乏积极的心理社会适应，包括一些较高的焦虑水平等，这些情绪影响了他们的交际，导致了孤独、同龄人受伤等。在美国，支持性就业兴起于20世纪80年代，并在90年代快速发展，逐步成为智障人士就业安置的主流模式，参与人数从1988年的23 000人上升至2002年的118 000人。据统计，已有超过10万名的智障人士通过支持性就业获得了以社区为基础的工作，实现了社会融合。Hervie（2023）认为智力残疾儿童在改善沟通、与教师和同龄人的联系以及获得应对其面临挑战的技能方面受益于特殊教育，因此应当提高特殊教育的水平和重视程度。

对于智障者教育康复训练的研究，通过查找文献发现主要集中在对于智障儿童的教育研究。我国在对于智障儿童的学龄前阶段缺少系统性康复方法，相对缺少完整的康复体系。李利君（2020）认为可以通过借鉴国外的康复理念和方法，在立足本土的基础上建立 EPC 三阶段康复课程体系，以此来促进学龄前智障儿童的康复。马坷（2020）认为利用儿童爱玩的天性，以游戏的形式让智障儿童参加康复训练，使得他们在游戏训练中获得更好的进步，从而促进儿童身心的健康发展。

尹艺（2022）指出，社区的环境对智障儿童的康复有着重要的作用，对于智障儿童的康复服务，应当重视社区的发展。通过改进社会的教学方式来促进社区的发展，提高对智障儿童的康复效率。完善的方法包括强化个别化引导教学、"小步子，多循环"重复性教学模式、游戏引导模式、家庭教学模式等帮助中度智力儿童更好适应社区生活。

高秋玲（2019）从语言学的视角对智障儿童的语音进行研究，并对智障儿童的语音特征进行分析，基于"智障儿童的语音训练可以提升他们的综合语言能力"这一重要结论，对智障儿童的语音训练提出若干建议。

刘丽敏（2003）对北京市城市与农村智障子女的教育方式进行了对比研究。结果表明，在父母与教师的风格和教学气氛方面，城区与郊区之间有很大的差别，同时也表明，城市与郊区智障子女的父母在疾病认识、生活技能训练、对待方法、生存发展前景、心理状态等方面均有不同。城镇父母对智力障碍的情况一般了解较多，而乡村父母对智力障碍的认识则较为模糊。

在智障群体拥有的司法权力方面，潘璐（2010）通过对河北省×县的两个农村社区智障女性的婚姻生活进行分析，从整体上发现智障女性的婚姻权利很难得到保障，难以和配偶建立亲密和谐的夫妻关系。智障女性获得婚姻并不是权利的保障，相反她们的婚姻主要受到外在力量的影响，获得婚姻的背后是智障女性权益的缺失。董奇等（2017）认为，尽管我们国家已经确立了以《中华人民共和国宪法》《中华人民共和国残疾人保障法》为基础，综合其他一些重要的保障残疾人权利的法律制度，但随着社会的发展、文化水平的提高，这些法律制度已不能满足当代残疾人的发展需要。所以，我们应该制定更加健全、更加规范的法律制度，这也是时代发展的需要。

钱岩（2011）从"新疆黑雇工案"切入，发现我国智障群体的劳动权利得不到保障，肮脏的产业链一直损害智障员工的权益。如何实现公平正义，在理论的层面完善我国的刑法，对保护智障劳工有重要作用。

在智障群体的社会保障方面，王全兴、唐伟森（2012）提出社会救助法律应该进一步健全，健全乡村精神障碍流浪者的社会保障体系，针对他们游离在户口体系外很难独立生活的特征，实施相应的救助，帮助农村精神障碍的流浪者建立一个和谐的农村社会。

在智障人群社会适应行为方面，周美好（2019）分析智障青少年的社会适应行为，认为环境、家庭是影响智障青少年适应能力的主要方面。同时，智障青少年在个人适应、社会适应以及在职业适应等方面存在较大的个体差异。邹杨（2017）认为可以通过针对性的游戏体验教学来训练残疾儿童的社会适应能力。

智障成因有先天因素也有后天因素，随着社会的发展，后天不利因素导致的智力发育缺失情况的比例在不断降低。目前，对智障成因的研究方向在逐步转向先天因素的影响。同时，对于智障群体的社会适应行为的研究主要从教育教学入手来进行，学校教育在其中发挥了重要作用。陈县明（2015）从社会治理的角度，通过对残障人士权利保护机制的剖析，指出目前"一元"的社会管理体制是导致残障人士权利无法得到有效保护的根源所在。通过建立多元化的残疾人权益保护机制，可以形成一个多主体的权益保护网络，更加全方位地保护残疾人的权益。石丽娜（2012）总结美国联邦政府对残疾儿童的教育政策，认为美国的残疾事业飞速发展并领先世界的重要原因就是政府政策的强力推动，借鉴美国先进发展经验有利于促进我国残障事业发展，维护社会稳定和谐。刘贝贝（2020）以西安慧灵就业中心为依托，发现在观念、社会环境、家庭等多个方面对智障群体存在排斥，造成智障人员无法就业、难以就业。而社会环境的排斥是造成智障人员在市场难以就业的重要原因。谢兰珍、古津贤（2006）通过调查发现智障者家庭生活条件艰苦，智障人员缺乏平等就业的机会，长期处于隔离状态，从法律和伦理层面提出要加强立法保护机制，树立良好的社会价值观。

（二）研究方法

（1）文献法　利用包括国外 Elsevier Science Direct、Web of Science、Springer，国内中文知网、万方、维普等数据库，搜集资料，了解和掌握国内外关于智障群体研究现状、权益保障存在的问题及解决策略等。

（2）实地调查法　通过实地调查访问，准确获取有关智障人士的资料，获得想要的数据，在得到允许的情况下写入文章材料作为数据支撑。

三、理论依据

（一）智力障碍

医学上智力障碍又称精神发育迟滞，是指由于先天或后天的原因造成的精神发育不完全或受阻。引起发病的原因很多，临床表现也各不相同，但主要症状均为智力低下和社会适应能力欠缺。《中华人民共和国残疾人保障法》第一章第三条规定，残疾人与其他公民一样，在政治、经济、文化、社会、家庭生活上都有同等的权利。残疾人依法享有公民权，维护其人格尊严。以残疾为由进行歧视是被禁止的。禁止对残疾人侮辱和攻击。不得以传媒及其他形式对残障人士的人格进行贬损。

（二）智障群体权益

根据《中华人民共和国残疾人保障法》目录，残疾人合法权益主要分为7个板块，分别是康复、教育、劳动就业、文化生活、社会保障、无障碍环境、法律责任。本文通过对施洞镇智障群体的调研，发现施洞镇智障群体主要缺失的权益为人格尊重、教育就业、医疗养老这几个方面。因此，本章针对这一地区情况从智障者权益中的人格尊重、教育就业、医疗养老这几个方面出发来进行调查研究。

四、施洞镇智障群体权益保障现状

（一）施洞镇基本情况

本次调研地点位于贵州省黔东南州台江县施洞镇，施洞镇辖9个村（居），45个自然寨、54个村民小组，共5 185户20 876人，镇区2 991户8 372人，城镇化率为40.1%。以苗族为主，占96.2%；汉族占3.8%。

本次调研共获得数据72份，均为该镇公认的或拥有残疾证的有智力障碍的人员。男性64人，女性8人，其中0～18岁5人、18～28岁2人、28～60岁62人、60岁以上3人。有63人享受国家低保或特困供养（五保户），占比87.5%；有9人没有享受该方面的资助，仅占比12.5%。这9人的家庭经济情况都较好，能够自主负担治疗智力障碍的医疗费用，因此智障者本人及其家庭所在的村委会并未将其划为低保户进行补助。经济条件的划分依据主要是对比当地的人均收入以及其家庭资产。在该少数民族地区，拥有智障人员的家庭，除非家庭经济情况很好，否则当地村委会都会将其划为低保户，特别困难的家庭划为五保户，以此来帮扶智障人士及其家庭。同时，村委会对于低保户以及五保户的划分也相当公平，几乎能够给予智障人员帮扶的政策或物资等都会优先考虑。

通过笔者的调研和了解，该镇为智障群体安排了公益性岗位以此来促进智障群体的就业以及社会融合。公益性岗位主要是保洁员和护林员以及其他岗位。但调研数据显示，智障人员或者其家人拥有公益性岗位的人数仅有20人，占比约27.8%；没有公益性岗位工作的智障人员或其亲人有52人，约占比72.2%。根据不同村庄智障者数量的不同，每个村居公益性岗位的数量也略有差异。通过笔者的调研了解，出现只有20个智障人员或其家庭人员参与公益性岗位的原因大概有几个：首先是不同的智障人员的残疾程度不同，能够承担公益性岗位的能力也不尽相同，部分智障人员病情较为严重，难以承担公益性岗位的工作，同时部分智障人员或者其家庭成员也不一定愿意担任公益性岗位的工作；其次是本村的公益性岗位有限，不能全部安排完所有具有工作能力的智障人员；最后可能是考虑到一定的村居外在形象，位于镇中心的村居，公益性岗位的任职人员基本为健康人员。

（二）人格尊重

在社会认同方面，仅有 1 个村居的被调查者认为本村部分村民对智障人员具有一定的歧视，剩余 8 个村居的被调查者均认为本村对智障人员没有歧视。根据笔者在该地区近三个月的实地观察，该地区村民对于智障人员少有歧视，平等对待程度高。9 个村居仅有 1 个村居的智障人员比例大大高于其他村落，根据对该村村委工作人员的采访调查，该村可能部分村民对于智障人员有一定歧视，但是较少表现出来。总体来说，该地区对于智障人员社会认同程度高，智障人员融入社会的门槛较低，这可能与其农村的文化环境有关。因为该地区主要是一个以父系血缘为主的聚居区域，每一个自然村内部的村民几乎都能够攀上关系，尤其是男方基本有一定血缘关系，这可能也是当地出现智障人员比例可能相对高的原因之一。在调查的 72 个数据当中，仅有 12 个智障人员确定不是先天原因造成的智障，其余有 59 个智障人员是先天原因造成的，有 1 个智障人员的成因未知。根据调研统计，在 59 个先天原因造成智力障碍的人员当中，其亲人也出现了一定程度智力障碍人士的数量有 15 个。这类人员大概率可以确定其出现智力障碍的原因为遗传因素。

（三）教育就业

根据《省人民政府办公厅转发省残联等部门和单位关于加快推进残疾人社会保障体系和服务体系建设实施意见的通知》（黔府办发〔2012〕55 号）文件精神，保障残疾人教育权益。该镇对于有智力障碍的学生进行了教育帮扶，采取送教上门的方式对智障学生进行教育，但在 72 个智障人员中，有送教上门教育帮扶的智障人员仅有 1 例。对 72 个智障人员进行学历筛查，初中学历的人员有 4 人，小学学历有 6 人，文盲有 62 人。绝大部分智力障碍人员没有受到过教育。同时，从该镇镇政府所获得的残疾人保障文件来看，仅有《台江县2022 年残疾人产业振兴行动创业就业补助实施方案》，但该镇智力残疾人员并无创业人员，且就业形势相对严峻，唯一的就业岗位就是村里的公益性岗位。

（四）医疗保障

根据《关于做好 2022 年城乡居民基本医疗保障工作的通知》，残疾人员的医保缴费和医保报销比例均低于正常水平。该镇的智力残疾人员基本享受国家政策的帮扶，医保缴费费用为正常缴费水平的一半。同时，该镇每个自然村都配备了一名驻村村医进行医疗帮扶。根据笔者在村内的了解，部分村民是不愿意缴纳医保的，认为这是一个费钱且没有用的事。造成这样一个情况的原因主要是两点：第一是村民收入低，不愿意缴纳医保，没有感受到医保带来的好处；第二是家庭人员太多，一次性缴纳的费用相对于他们的收入水平来说较高。本地区绝大部分家庭都有3～5个孩子，这也导致在缴纳国家医保时压力很大，因此很多家庭不愿意缴纳医保。

（五）个案分析

笔者在当地调研期间，对一户人家进行了较为详细的了解调查，在经得此户主人的同意下，对智障人员及其家庭进行化名处理，可公开部分调研所获取资料，以此为例子进行个例分析。该智障人员我们称为L。L家共有2人，户主与L。L家是该村的五保户之一，户主长期在外打工，主要是前往上海工作。从事的行业主要是钢筋工但是工作并不稳定，并不是签订劳动合同的长期工作，因此他的经济来源并不稳定。户主平均每个月的工资可以有4 000～5 000元，但是仅仅能够在上海维持基本的生活，难以有更多的存款。L目前37岁，男性，未婚，一个人在村内生活。L的智力水平下降并不是很严重，仅仅是轻度智力障碍，语言能力未退化，有部分口吃，能缓慢说出想表达的意思。L基本上常年独自生活在村里，家里的房子为木质房屋，大概有15年以上的历史，家里几乎没有现代家具。L日常饮食主要为自有食材，少有主动买东西。村委会将其安排为护林员，工资为400元/月。通过笔者一个月的观察，L在村里的工作基本能够适应，生活能够在一定程度上自理，但其装扮基本一个月不会改变。通过观察，没有发现L被歧视的情况，但是在进行集体活动时会去让其做更多其他人不愿意做的工作。例如，在2023年元宵节期间，很多人不愿早起去制作"竹龙"，便会让L及其他有一定智力残疾的人员去从事这一工作，而L得到的回报便是可以更多参与这一活动。L没有受过教育，且L的家庭情况并不好。在智力障碍治疗方面，L并没有接受过医院的治疗，家庭没有意识到要去治疗，甚至认为是无法治疗的。当地政府也没有依据政策主动去对这些人员进行了解帮助，家庭也不知道国家对智力障碍人员的帮扶措施。很多时候，这些智障者家庭会在生活极度困难时才会向政府寻求帮助。笔者没有在L身上看见过苦恼或者不开心。L是当地智障人员的一个缩影，他们处在农村，基本都要靠自己或者家庭，城市更加完善的社会保障制度难以在农村得到良好的落实。

五、智障群体权益保障问题及原因分析

（一）家庭层面

1. 智障者亲人文化素质低 智障者家庭对于智障者应有的权益不清楚，对于智障者如同正常人一样对待，没有去考虑到智障者本身思想、身体的特殊性。同时，对于有关法律和相关政策并不了解。根据笔者调研，智障者家庭在正常生活当中，不会去过多考虑到智障者的特殊性，生活上的安排与常人几乎没有区别。此外，由于农村人口本身文化素质较低，即便是智障者的权益受到侵害也不知道如何去保护其权益。

2. 养老问题 施洞镇所有的智力障碍人士的养老方式均是家庭养老，其他养老方式并没有介入。根据《关于在新型农村社会养老保险试点中做好残疾人参保工作的通知》，智障人员应当纳入养老体系，但是在施洞镇，根据调研所获得的 72 个数据，并没有任何一个智障人士享受养老保险的福利。

3. 农村家庭经济收入低 台江县的经济发展相对落后，许多家庭的经济收入水平根本不足以支撑一个智障人员的医疗费用。同时，封闭落后的环境也没办法启迪他们的思维，基本就是在一个较小的区域进行发展，对于智障人员的权益问题更是一无所知，只有根据传统习惯来进行养育。调研了解到，实际上的智障人员的数量是高于能够收集到的数据的，有一部分人员隐藏了家庭有智障人员的情况，还有某些家庭在知道孩子存在智障的时候可能将其抛弃。

（二）村集体层面

基层工作人员素质较低，村集体缺乏高素质人才队伍建设。近些年，国家帮助提高农村基层工作人员素质，由于文化水平与专业水平不够高，除了做好基础工作外，很少关注人们的精神需求。很多智障人员对于社会的认可是非常渴望的，但是在农村地区，人们很少会去关注到这方面。此外，笔者在该镇的调研工作中发现，有许多村居委工作人员往往忽视智障人员的精神需要和精神发展，只对其物质生活进行帮扶。虽然该镇大部分村居对于智障人员的歧视较小，但是对这一群体的关爱不够。

（三）镇政府层面

政府对相关政策的宣传力度不够，应该加强政策和制度宣传，让智障群体更加了解相关权益政策，鼓励智障群体自主创业。调研结果显示，研究地目前自主创业有所欠缺，对于国家政策了解较少，村委工作人员对于智障人员的帮助仅仅停留在把该有的物资发放给这一群体的家庭，主动了解政策、落实政策则几乎没有。根据《"十四五"残疾人职业技能提升计划》的要求，政府要积极构造良好的智障人员就业环境，大力开展残疾人职业技能培训，不断提升残疾人职业素质和就业创业能力。但是根据笔者在该镇的生活和调查，施洞镇并没有相关的政策落实或者帮扶措施。

（四）国家层面

迄今为止，我国尚无专门针对智障群体的立法。目前，虽然在《中华人民共和国宪法》的指导下，《中华人民共和国残疾人保障法》已制定并颁布，这是我国第一部关于残疾人社会保障的法律。但是，对于智力障碍人群，目前还没有专门的法律。所以，提高对智力障碍群体的重视程度，以现行法律法规为依据，构建较为完备的智力障碍群体保护法律体系与制度框架，是提高智力障碍群体保护能力的根本要求与根本途径。

六、相关建议

（一）家庭层面

对于政策的不了解是智障人员亲属寻求不到帮助的重要原因。提高宣传力度、扩大宣传规模、拓宽智障人员权益维护渠道是提高智障人员家庭维权意识的重要方式。可以通过村广播站宣传、村干部进入智障者家庭进行宣传等方式进行，以此来提高智障者家庭的权益保护意识。只有自我权益保护意识觉醒，才能让智障人员的合法权益得到真正的保障，在合法权益受到侵害时主动维护权利。同时，还可以通过宣传减少他人对智障人员及其家庭的部分排斥和偏见，促进智障人员的社会融合。

（二）村集体层面

基层工作人员作为国家政策的最终实施者，是决定国家政策是否落实到位的关键。在农村地区，基层工作者的威信较高，对于村民的影响较大，而农民的权益保护意识相对较低，自我保护能力弱。因此，农村地区智障人员的权益保障更大程度上依赖于基层工作者的素质。提升工作人员的素质建议从以下方面入手：首先是提高基层工作人员的文化素质，可以通过提高基层工作人员的学历来进行，通过进行非全日制的学习来提升；其次是筛选过滤部分工作能力不过关的工作人员；最后是吸纳新鲜血液，通过吸引返乡创业人员、返乡大学生等，吸纳这种眼界开阔、文化素质高的人员，更有利于促进村干部队伍的年轻化、高素质化发展。

（三）镇政府层面

镇级工作人员是我国国家政府机关的基层，提升镇级工作人员的工作责任感、积极性可以从两个方向着手：首先，可以提高其薪酬水平或者给予其更多的物质奖励，能够显著提高其工作积极性和责任心；其次，重视民生发展，提高工作人员在此方面的晋升速度，让工作人员看到更好的晋升途径，提高其工作效率和工作完成度。

（四）国家层面

我国主要维护智障人员权益的法律是《中华人民共和国残疾人保障法》，但是这部法律是针对所有残疾人员的，我国目前还没有针对智障人员出台的法律文件，这也是我国智障人员权益保护体系不完善的部分原因。尤其在农村地区，智障者权益受到侵害的事件也更为普遍。

七、参考文献

陈县明，2015. 公共治理视野下当代中国残疾人权益保障机制研究 ［D］. 南昌：江西财经大学.

丁艳丽，徐添喜，2018. 美国"自我决策生涯发展模型"在智障学生就业转衔中的应用及其启示 ［J］. 现代特殊教育，6：28-34.

董奇，柳心欢，黄金卫，2017. 社会融合视角下残障人士权益保障立法的价值重构 ［J］. 人权，93（3）：44-55.

高秋玲，2019. 智力障碍儿童语音研究 ［D］. 烟台：鲁东大学.

李利君，2020. 建构学龄前智障儿童 EPC 康复课程体系的初步探索 ［J］. 教育教学论坛，40：250-252.

刘贝贝，2020. 社会排斥对智障人士就业的影响研究 ［D］. 西安：西北大学.

刘丽敏，2003. 社区情境与城乡弱智儿童教育模式的差异——对北京市弱智儿童案例的分析 ［J］. 社会学研究，1：95-101.

马坷，2020. 游戏与智障儿童康复训练的融合 ［J］. 教育，21：38.

潘璐，2010. 农村智障女性的婚姻获得与权益缺失——对河北省×县两村的田野观察 ［J］. 中国农业大学学报（社会科学版），27（1）：107-112.

钱岩，2011. 终极解救——智障劳工权益的刑法保障研究 ［J］. 理论界，454（7）：57-59.

石丽娜，2015. 美国联邦政府学前残疾儿童教育政策的发展历程研究（1965—2012）［D］. 长春：东北师范大学.

王全兴，唐伟森，2012. 关于农村地区智障流浪人员社会救助立法的思考——兼评 2009 年《社会救助法（草案）》[J]. 江西财经大学学报，84（6）：108-116.

谢兰珍，古津贤，2016. 我国智障者的生存保障研究——基于法律和伦理视角 [J]. 中国医学伦理学，29（2）：240-242.

尹艺，2022. 中度智力障碍儿童的社区康复服务研究——以 XD 社区的康复项目为例 [D]. 成都：西华大学.

中国残疾人联合会，2022. 中国残疾人事业统计年鉴 [M]. 北京：中国统计出版社.

周美好，2019. 智障青少年适应行为问题的社会工作项目研究 [D]. 苏州：苏州大学.

周蓉，2022. 农村智力障碍女性社会认同研究 [D]. 济南：山东大学.

朱雪娜，梁爱民，2010. 智力落后的病因探讨 [J]. 中国优生与遗传杂志，18（10）：131-132.

邹杨，2017. 体验游戏对视力残疾儿童社会适应行为能力的影响 [D]. 广州：广州体育学院.

Kris K.，Andrea，et al.，1999. Effects of prenatal alcohol exposure on neuro-psychological functioning [J]. Developmental Neuropsychology，15（1）：111-140.

Matti I. Juhani，et al.，2009. Infectious diseases as causes of mental retardation and other concomitant neurological sequelae [J]. Australia and New Zealand Journal of Developmental Disabilities，14（3-4）：210.

Olivier E. Lacombe，et al.，2022. Validation of a Revised Version of the Center for Epidemiologic Depression Scale for Youth with Intellectual Disabilities [J]. Journal Autism Develop Disord，52：4554-4567.

第五章 乡村建设行动中农户参与的调查与分析
——以盘州市东冲村为例

一、引言

实施乡村振兴战略，是党的十九大作出的重大决策部署，是新时代"三农"工作的总抓手。国务院印发的《乡村振兴战略规划（2018—2022年）》明确提出了开展乡村建设。2021年"十四五"规划进一步强调乡村建设，提出坚持农业农村优先发展，全面推进乡村振兴。2022年颁布了《乡村建设行动实施方案》，明确了乡村建设行动的路线图，确保在2025年乡村建设能取得实质性的进展。2023年2月中央1号文件发布，分别从四个方面指出乡村建设的方向和任务。由此可见，乡村建设是我国在实现现代化强国进程中的一项重要任务。乡村建设在乡村振兴战略任务中涵盖广泛，在国家现代化的进程中也发挥了重要作用，可见乡村建设意义的重大。农户参与乡村建设实施是确保乡村建设和乡村振兴取得成效的重要机制。农户是进行乡村建设的主要行动人员，也是乡村建设行动的最终受益者。只有人人参与乡村建设，才能把乡村建设成为宜居宜业的美丽乡村，达到农户满意的效果，才能更好响应国家的乡村振兴号召，更好地举稳中国式现代化的旗帜，为实现第二个百年奋斗目标做好铺垫。

张学波等（2022）认为现实中乡村建设的过程还存在许多不足，具体表现为：在乡村建设中农户作为参与主体，并没有很好地参与进来，参与动力不足；乡村建设多以政府为主导，而以农户为中心的多主体参与模式和体制机制有待健全。搞好乡村振兴就要搞好乡村建设，搞好乡村建设就需要促进农户的积极参与。因此，如何鼓励农户积极参与乡村建设就显得尤为重要。基于此，本章以盘州市石桥镇东冲村为研究个案，对该村农户参与乡村建设的现状、意愿进行深入分析，以期寻找影响农户参与乡村建设的主要因素，并进一步提出有针对性的建议和对策。

二、研究方法及数据来源

(一) 研究方法

1. 问卷调查法　对盘州市东冲村农户参与乡村建设的现状、意愿及其影响因素等内容制作了调查问卷，并采用二元 Logistic 回归分析方法对 150 户农户开展了问卷调查，经过整理分析，有效问卷 143 份，有效率达 95%。

2. 实地访谈法　在问卷调查的基础上，对一些重点农户和村两委的关键人物开展了深入的实地访谈。访谈主要关注当地乡村建设的现状、成效、积累的经验以及乡村建设中存在的问题，特别是影响农户参与乡村建设的因素。

3. 统计分析方法　利用 SPSS 软件对农户参与乡村建设的现状和意愿进行了统计描述与分析；建立二元 Logistic 回归模型分析哪些是影响农户参与乡村建设的因素。

(二) 样本数据来源

本章所采用的数据一部分是通过线上问卷调查所得，主要是针对东冲村外出务工的年轻人进行线上调查。另一部分是通过实地调查所得，在东冲村的常住人口多是中老年人，因此中老年人是实地调查的主要对象。所收集数据来源者的平均年龄约为 43.84 岁，最大年龄为 76 岁，最小年龄为 17 岁，其中也包含村委会的村干部。

三、东冲村农户参与乡村建设行动的现状与特点

(一) 东冲村乡村建设实施情况

东冲村作为田园乡村振兴集成示范点，示范点共有 196 户，计划实施的美丽乡村建设项目大体包含污水处理设施、"小康菜园"项目、白改黑通村公路工程、宜居农房改造工程、软籽石榴产业、旱厕改造工程、生活垃圾处理等七个项目。其中，未完成的项目有污水处理设施、旱厕改造工程等。自 2020 年盘州市石桥镇东冲村进行乡村建设以来，经过近三年的建设，发现部分农户在进行乡村建设的过程中参与的积极性不高、参与意愿不强，从而导致政府开展乡村建设的进程受阻。在实地调查和走访的过程中，可以明显看到乡村建设的部分项目还存在问题。

(二) 东冲村乡村建设中农户参与现状

由于年轻人大多数都在外务工，本次访问的对象多数是中年和老年人等常

住人口。农户基本信息见表5-1。

表5-1 农户基本信息情况

类型	分组	人数(人)	占比(%)	类型	分组	人数(人)	占比(%)
性别	男	80	55.9	受教育程度	小学及以下	49	34.3
	女	63	44.1		初中	40	28
年龄	30岁以下	27	18.9		高中或中专	27	18.9
	30~50岁	72	50.3		大专及以上	27	18.9
	50岁以上	44	30.8				
身体健康状况	健康	115	80.4	政治面貌	预备党员或党员	19	13.3
	非健康	28	19.6		群众	124	86.7
家庭经济状况	富裕	3	2.1	是否参与乡村建设	是	90	62.9
	中等	80	55.9				
	较差	60	42		否	53	37.1

问卷设计将农户对东冲村乡村建设项目分为7项，分别对每一项设计5个梯度的满意度：完全满意＝5，比较满意＝4，一般＝3，不太满意＝2，完全不满意＝1。通过对东冲村乡村发展项目的描述统计分析（表5-2）看，农户们对乡村发展项目的满意度≥4的有污水处理设施项目（4.00）、白改黑通村公路工程（4.38）、旱厕改造工程（4.27）、生活垃圾处理（4.25），即这四个满意度为比较满意以上。在比较满意程度以下的有"小康菜园"项目（3.76）、宜居农房改造工程（3.96）、软籽石榴产业（2.97）。据观察，"小康菜园"项目是各家各户门前搭建一个架子供植物生长，但很多农户的蔬菜架均处于闲置状态。宜居农房的改造也因为时间的原因，很多建设遭受风吹雨打导致损坏。软籽石榴产业也正如村干部描述的一样，很难见到成效，这也是造成农户对农业产业不满意的原因之一。农户对乡村建设项目最满意的是白改黑通村公路工程，满意度达到了4.38，说明通村公路的建设给村民的出行带来了很大的方便。调查结果显示，95.1%的农户认为他们在乡村建设后生活更方便了，97.2%的农户认为在进行乡村建设后生活环境有所优化，但有58.4%的农户认为在进行乡村建设后产业收入没有提高。

表5-2 东冲村项目满意度均值

项目	污水处理设施	"小康菜园"项目	白改黑通村公路工程	宜居农房改造工程	软籽石榴产业	旱厕改造工程	生活垃圾处理
均值	4.00	3.76	4.38	3.96	2.97	4.27	4.25

（三）东冲村乡村建设中农户参与意愿与特点

1. 农户参与的意愿 在统计的 143 份问卷中，愿意参加乡村建设行动的有 128 人，占比 89.5%，在这 128 人中存在没有进行乡村建设的家庭，但愿意参与乡村建设。不愿意参加乡村建设行动的有 15 人，占比 10.5%。在参与了乡村建设的 90 户农户家庭中，仅有 13 户人家是自主自愿参与，占比 14.4%，其余的都是村干部或政府带动参与。通过以上数据可知，现阶段人们不止满足于温饱，更希望提高自己的生活质量，农户参与乡村建设的意愿十分强烈，但多数是以自上而下的方式参与乡村建设行动。调查结果显示，在涉及是否符合村民自己的预期方面，有 51.7% 的农户认为是基本符合，这说明乡村建设行动中的部分项目与村民们的预期效果还有些许偏差。

2. 农户参与乡村建设的特点 由表 5-3 可知，男性参与乡村建设的意愿比女性强烈，年纪较轻的受访农户比上了年纪的人更愿意参加美丽乡村建设。农村居民的年龄与他们参与乡村建设的意愿呈现出负相关，受教育程度与农户参与乡村建设的意愿呈现出正相关，身体状况健康的居民比非健康状态的居民表示的意愿更为强烈，政治面貌为党员或预备党员所表示的意愿更为强烈，家庭经济情况与农户参与乡村建设的意愿呈现出正相关。

表 5-3 东冲村个体特征与农户参与乡村建设意愿的交叉分析

变量	说明	样本数（人）	卡方值	P 值	分类意愿所占比（%） 愿意	不愿意
性别	男	80	8.784	0.003	96.25	3.75
	女	63			80.95	19.05
年龄	30 岁以下	27			100	0
	30~50 岁	72	11.146	0.004	93.06	6.94
	50 岁以上	44			77.27	22.73
受教育程度	小学及以下	49			71.43	28.57
	初中	40			97.50	2.50
	高中或中专	27	26.111	0.000	100	0
	大专及以上	27			100	0
身体健康状况	健康	115	30.749	0.000	96.52	3.48
	非健康	28			60.71	39.29
政治面貌	预备党员或党员	19	2.568	0.109	100	0
	群众	124			87.90	12.10
家庭经济状况	富裕	3			100	0
	中等	80	18.167	0.000	98.75	1.25
	较差	60			76.67	23.33

由表 5-4 可知，农户参与现状与乡村建设意愿存在很强的相关性：农户对乡村建设内容的了解程度与农户参与乡村建设的意愿呈现正相关；同样，农户对政府有关政策的了解程度与农户参与乡村建设的意愿也呈正相关。在所统计的数据中，可以看出农户基本上认为乡村建设会对村民带来明显的好处，超 100 人认为乡村建设存在机遇和挑战且农户参与乡村建设的意愿较强。当乡村建设的项目符合农户的预期时，农户参与乡村建设的意愿就越强烈。

表 5-4 东冲村农户参与现状与农户参与乡村建设意愿的交叉分析

变量	说明	样本数	卡方值	P 值	分类意愿所占比（%）	
					愿意	不愿意
乡村建设内容的了解程度	了解	14			100.00	0
	了解一些	62	14.571	0.001	98.39	1.61
	不了解	67			79.10	20.90
政府有关的政策的了解程度	了解	13			100.00	0
	了解一些	48	8.921	0.012	97.92	2.08
	不了解	82			82.93	17.07
乡村建设必要性的认知	非常有必要	73			97.26	2.74
	有必要	69			81.16	18.84
	没有影响	1	9.912	0.007	100.00	0
	可有可无	0			0	0
	完全没必要	0			0	0
乡村建设的前景	富有机遇	18			100	0
	存在挑战	9	2.421	0.298	88.89	11.11
	机遇和挑战并存	116			87.93	12.07
是否符合自己的预期	比较符合	59			100	0
	基本符合	74	11.826	0.003	82.43	17.57
	不太符合	10			80.00	20.00

由表 5-5 可知，总人口数为 3~4 人的农户家庭参与乡村建设的意愿比其他的强，而人口数为 1~2 人的家庭参与乡村建设的意愿最低。家庭劳动力数量为 0~2 人的农户参与乡村建设的意愿相对较高，家庭外出务工劳动力为 2 人的农户家庭参与乡村建设的意愿最为强烈。

表 5-5　东冲村家庭特征与农户参与乡村建设意愿的交叉分析

变量	说明	样本数	卡方值	P 值	分类意愿所占比（%）	
					愿意	不愿意
家庭人口	1～2 人	9			77.78	22.22
	3～4 人	101	1.681	0.431	91.09	8.91
	5 人以上	33			87.88	12.12
家庭劳动力	0～2 人	61			91.80	8.20
	3～4 人	67	0.621	0.733	88.06	11.94
	5 人以上	15			86.67	13.33
家庭外出务工劳动力	0～1 人	58			87.93	12.07
	2 人	54	5.397	0.67	96.30	3.70
	3 人以上	31			80.65	19.36

由表 5-6 可知，多数人认为农业产业的发展一般甚至不太满意，均值为 2.96；生活环境的均值为 3.94，接近于比较满意。这个结果表明，相对于未进行乡村建设以前农户的生活环境大为改善。将近半数的人认为经济发展水平一般，均值为 3.06，说明乡村建设在经济发展方面还有待提高。农户对村干部能力水平也比较满意，超过一半的人对村干部能力比较满意，均值为 4.01。从美丽乡村整体的建设效果来看，农户对美丽乡村建设效果的感受偏向比较满意，均值为 3.90。

表 5-6　东冲村现状的总体情况

变量	选项	比例（%）	均值	卡方值	P 值
农业产业	完全满意	7.7			
	比较满意	16.1			
	一般	42.7	2.96	10.167	0.038
	不太满意	31.5			
	完全不满意	2.1			
生活环境	完全满意	16.1			
	比较满意	66.4			
	一般	13.3	3.94	16.988	0.002
	不太满意	3.5			
	完全不满意	0.7			

变量	选项	比例（%）	均值	卡方值	P 值
经济发展水平	完全满意	7.0	3.06	19.986	0.001
	比较满意	21.0			
	一般	46.2			
	不太满意	23.1			
	完全不满意	2.8			
村干部能力水平	完全满意	26.6	4.01	25.412	0.000
	比较满意	53.1			
	一般	16.1			
	不太满意	2.8			
	完全不满意	1.4			
美丽乡村建设效果	完全满意	16.1	3.90	29.513	0.000
	比较满意	62.9			
	一般	16.8			
	不太满意	2.8			
	完全不满意	1.4			

（四）东冲村农户参与乡村建设存在的问题

从分析数据来看，东冲村农户参与乡村建设还存在以下几个方面的不足：

1. 身体健康状况较差的人员相对较多 陶娅等（2021）研究表明农民的健康水平越高，乡村振兴的持久内驱力也就越强。身体健康状况直接影响农户参与乡村建设的意愿。从以上的分类意愿占比可以看出，身体健康状况不佳的农户参与乡村建设的意愿比健康的农户参与乡村建设的意愿低。

2. 农户存在对乡村建设的内容了解程度不够的现象 当询问村民是否知道本村的乡村建设内容时，多数农户回答不知道或者回答的内容与问题有严重偏差。除此之外，多数农户不清楚乡村振兴的"二十字方针"。

3. 对政府有关乡村建设的政策了解不够 丁晓埂（2019）认为政府政策因素与参与乡村生态宜居建设意愿存在显著相关性，农户对政策的了解程度越高，参与的意愿就越强烈。在询问是否了解政府出台有关乡村振兴的政策时，大多数农户对此并没有深入的了解。一部分农户表示，政策对于他们没有多大的意义，只要是国家出台的政策，必然对乡村振兴有好处，他们只需要积极配合国家的政策就行了。

4. 乡村建设项目与村民的预期存在差异　付翔（2023）研究发现，农户对村庄公共服务设施的建设条件和使用效果的满意程度越高，其参与乡村建设的意愿越强。有研究表明满足农户的期望可以提高农户的参与意愿。当询问乡村建设的项目与农户的期望是否符合时，部分农户表示，土地贫瘠、经济作物产量低甚至无收成，在石榴产业方面没有看到显著的成效。虽然生活垃圾有集中处理，但是很多时候却来不及处理，使垃圾堆积如山。乡村没有特色产业带动，乡村建设的资金多是依靠政府拨款。"小康菜园"的建设也没有派上用场，其他项目的建设效果大部分达到了自己的预期。

5. 农业产业发展不好，经济发展水平低下　农业属于第一产业，与农户的生活息息相关。东冲村的特色产业效益不好，难以带动乡村经济的发展，使农户普遍认为乡村的经济发展水平较为低下，进而影响参与乡村建设的意愿。

通过对村里面关键人物如村两委的简单访问发现，在乡村建设的过程中，遇到的难题有人力资源缺乏、大学文凭的村干部较少。示范点周边多是基本农田，在进行乡村建设时不能占用土地，导致一些基础设施得不到建设。个别农户不愿意听从指挥，不配合乡村建设行动。政府政策带动、金融部门支持、企业联动效应不明显等也存在问题。

四、影响农户参与乡村建设行动意愿因素的计量分析

（一）计量模型

本章所研究的是东冲村农户参与乡村建设的影响因素，通过建立二元 Logistic 回归模型，对所调查数据进行分析。本章的因变量是是否愿意参与乡村建设，把结果界定为是和否两种，其中是为"1"、否为"0"。将本章"农户是否愿意参与乡村建设"定义为因变量 y，农户回答"是"的概率表示为 p，农户回答"否"的概率表示为 $1-p$。在本模型中，α 作为截距项，β_i（$i=1$，2，…，n）作为回归系数，x_i（$i=1$，2，…，n）作为解释变量。Logistic 回归模型如下：

$$\text{Logit}P = \alpha + \beta_1 x_1 + \beta_2 x_2 + \cdots + \beta_i x_i$$

（二）变量选择与说明

本章所研究的是东冲村乡村建设中影响农户参与意愿的因素，所以把农户是否愿意参与乡村建设设置为因变量，把结果分为"是"和"否"。同时，将本章所选取的影响因素分为 4 个方面，分别为个体特征、农户参与现状、家庭特征、东冲村特征等共 13 个自变量（表 5-7）。

表5-7　东冲村乡村建设中影响参与意愿因素研究变量选择与说明

类别	变量名称	代码	变量定义	预测作用方向
个体特征因素	性别	X_1	男=1；女=0	+
	年龄	X_2	连续变量	—
	身体健康状况	X_3	健康=1；非健康=0	+
	家庭经济状况	X_4	富裕=1；中等=2；较差=3	+
农户参与现状	乡村建设必要性的认知	X_5	非常有必要=1；有必要=2；没有影响=3；可有可无=4；完全没必要=5	—
	乡村建设的前景	X_6	富有机遇=1；存在挑战=2；挑战和机遇并存=3；	—
	是否符合自己的预期	X_7	比较符合=1；基本符合=2；不太符合=3	
家庭特征因素	家庭人口	X_8	1~2人=1；3~4人=2；5人以上=3	+
	家庭劳动力	X_9	0~2=1；3~4人=2；5人以上=3	+
	家庭外出务工劳动力	X_{10}	0~1人=1；2人=2；3人以上=3	+
东冲村特征因素	农业产业	X_{11}	完全满意=5；比较满意=4；一般=3；不太满意=2；完全不满意=1	+
	生活环境	X_{12}		+
	经济发展水平	X_{13}		+

（三）计量分析结果

将农户参与乡村建设行动意愿设为因变量，将农户个体特征、参与现状、家庭特征、东冲村特征四类共计13个变量设为自变量建立二元 Logistic 回归模型，其统计分析结果如表5-8所示。可以看出，13个自变量中，性别、身体健康状况、乡村建设的前景、经济发展水平等4个变量比较显著。同时，可以从数据看出模型是具有显著性的（似然比卡方值=0.692，sig.=1.000，模型预测正确率为95.1%），-2对数似然=32.335；考克斯-斯奈尔 R^2 = 0.359；内戈尔科 R^2 = 0.735。这组数据说明模型的拟合效果还不错，模型具有一定的解释力。

由表5-8可知，通过了显著性检验的自变量有4个，分别是性别（X_1）、身体健康状况（X_3）、乡村建设前景（X_6）、经济发展水平（X_{13}）等，其余因素没有通过显著性检验。其中，性别、身体健康状况、乡村建设前景的相关系数较大，对乡村建设意愿的影响较大；经济发展水平的相关系数相对较小，对参与乡村建设的意愿影响较小。其中，性别和身体健康状况的常数项大于0，说明性别和身体健康状况对农户参与乡村建设存在正向影响关系，意味着男性参与乡村建设的意愿比女性参与乡村建设的意愿强烈。可能的原因是在农村，一般是男性外出务工，所见所闻比女性更加宽阔，参与乡村建设的意愿会比女性强烈。健康的人参与乡村建设的意愿比非健康的人参与乡村建设的意愿强烈，可能的原因是身体健康的人有足够的行动能力为本村的乡村建设做出贡献，因此参与乡村建设的意愿相对来说更强烈。性别和身体状况的 Exp 值分别为 55.780 和 29.668，说明影响程度较大。乡村建设前景和东冲村的经济发展水平的常数小于 0，说明乡村建设前景与经济发展水平与农户参与乡村建设的意愿之间存在负向影响关系，也就意味着认为乡村建设富有机遇的人的参与意愿比认为乡村建设存在挑战的人的意愿强烈。可能认为乡村建设富有机遇的人认为乡村建设的前景广阔，未来可期，对乡村建设效果抱有较大的期待，因此参与乡村建设的意愿较为强烈。对东冲村经济发展水平满意和较为满意的人参与乡村建设意愿比不满意的人强烈，对经济发展水平满意的人能体会到乡村建设对本村带来的效益，认为乡村建设对自己还是有利的，因此参与乡村建设的意愿相对较为强烈。乡村建设前景和经济发展水平的 Exp 值较小，分别为0.014 和 0.127，说明影响程度较小。

年龄的 P 值为 0.869＞0.05，说明年龄对参与乡村建设意愿的影响不显著；从结果可以看到，Exp 仅为 0.987，说明随着年龄的增长对农户参与意愿没有显著的降低，各个年龄段参与乡村建设的意愿差不多，可能是受到乡村振兴潜移默化的影响，年龄不再是影响乡村建设的因素。家庭经济状况的 P 值为 0.344＞0.05，说明家庭经济状况对参与意愿并没有影响，且 Exp 值为0.093，影响微乎其微。同样在其他不显著的变量之中，Exp 的值都较小。值得关注的是农业产业因素虽然结果表示不显著但 Exp 值达到了 2.425，说明农业产业的满意度有一定的影响。

表 5-8　方程中的变量

自变量	相关系数	标准误差	瓦尔德	自由度	P 值	Exp 值
性别	4.021	1.965	4.189	1	0.041	55.780
年龄	−0.013	0.077	0.027	1	0.869	0.987
身体健康状况	3.390	1.543	4.826	1	0.028	29.668
家庭经济状况	−2.378	2.514	0.895	1	0.344	0.093
乡村建设必要性的认知	−1.558	1.017	2.347	1	0.126	0.211
乡村建设的前景	−4.284	1.834	5.459	1	0.019	0.014
是否符合自己的预期	0.095	1.516	0.004	1	0.950	1.099
家庭人口	−0.501	1.151	0.190	1	0.663	0.606
家庭劳动力	0.063	0.653	0.009	1	0.923	1.065

自变量	相关系数	标准误差	瓦尔德	自由度	P 值	Exp 值
家庭外出务工劳动力	0.397	1.158	0.117	1	0.732	1.487
农业产业	−0.886	0.905	0.957	1	0.328	2.425
生活环境	2.679	1.411	3.606	1	0.058	14.575
经济发展水平	−2.061	0.992	4.312	1	0.038	0.127
常量	9.298	11.691	0.633	1	0.426	10 921.133

五、研究结论与对策建议

（一）研究结论

（1）东冲村农户参与乡村建设的意愿较为强烈，但实际上参与乡村建设行动的不多。在访问的 143 户中，农户参与乡村建设的意愿较高，达 89.5%；没有参与意愿只有 10.5%。参与乡村建设的农户共有 90 户，占比 62.9%；未参与乡村建设的农户共 53 户，占比 37.1%。在新时代乡村振兴的背景下，随着义务教育的普及，农户的文化程度得到提高。当今的农户相比以前参与乡村建设的意愿有明显的提高。美中不足的是，很多农户参与乡村建设的意愿虽然强烈，但自己家所在区域没有机会参与。

（2）性别、身体健康状况、乡村建设的前景、经济发展水平是影响东冲村农户参与意愿的主要因素。其中，性别、身体健康状况、乡村建设前景的相关系数较大，对乡村建设意愿的影响较大；经济发展水平的相关系数相对较小，对参与乡村建设的意愿影响相对较小。性别和身体健康状况的影响方向为正，乡村建设前景和经济发展水平的影响方向为负。

（二）促进农户参与乡村建设行动的对策建议

农户在乡村建设的过程中发挥了重要作用，他们的参与影响着乡村建设的效果。只有人人参与乡村建设，才能更好响应国家乡村振兴的号召，更好地举稳中国式现代化的旗帜。因此，促进农户参与乡村建设是实现乡村振兴的必要条件。根据本文的研究结果，提出促进农户参与乡村建设行动的对策建议：

1. 增加农村健康投入　农民健康素养水平是实施乡村振兴战略的重要基础和重要抓手。东冲村农户的身体健康状况较差，对于农户参与乡村建设的意愿有一定的影响。由于受到收入、生活习惯等因素的制约，我国农村居民普遍缺乏良好的健康理念，健康投资严重不足。由于大部分农户的家庭经济状况不佳，他们的资金多用来满足自身的生活需要，在健康方面的投资较少。因此，需要加大对农村健康投入的力度，保障农户拥有健康的身体，积极参与乡村建设。

2. 加大宣传力度，提高村民认知 据调查结果统计，多数农户对乡村建设的内容和政府的有关政策的了解程度不够，还有部分农户对乡村建设所带来的收益还不了解。对此，李旭等（2022）建议发挥政府的主导作用、解决农户最关心的问题、抓好农村基础设施建设。因此，政府应针对当前的现状，与村委会做好对接，多在乡村宣传一些有关乡村建设的知识和相关政策，提高村民们对于乡村建设的认知，同时对不愿意参与乡村建设的农户进行走访询问，了解原因并提好相应对策，才能有利于乡村建设行动的进行。

3. 尊重农户意愿，完善农户参与机制 史磊、郑珊（2017）研究日本的农户参与机制后认为可以拓宽农户参与渠道，引导农户参与环境决策来完善农户参与机制。部分地区的乡村建设没有做得很好，很重要的一个原因就是没有尊重农民意愿、没能有效发动农民。在做乡村建设规划之前，应该与村民们充分协商如何进行乡村建设，让村民参与乡村建设行动，达成自下而上的效果，尽可能使乡村建设的内容与农户的期望相符合，从而提高村民们对于乡村建设行动的满意度。

4. 加大对农业产业的扶持力度 要解决乡村的问题，需要以产业振兴为基础，乡村振兴的关键在于产业振兴。东冲村农业产业发展不景气，会进一步影响农户参与乡村建设的意愿。因此，需要加大对东冲村农业产业的扶持力度，把东冲建设成为宜居宜业的美丽乡村，盘活农业产业，带动乡村产业振兴，夯实乡村集体经济的发展基础。

六、参考文献

丁晓堞，2019. 农户参与乡村生态宜居建设意愿及其影响因素 [D]. 武汉：中南财经政法大学.

付翔，2023. 农户参与乡村建设意愿的理性行为研究——基于镇平县杨营镇的典型调查 [J]. 农村经济与科技，34（2）：100-105.

李旭，周琬清，张贵彦，2022. 农户对乡村振兴战略的认知及影响因素研究——以南阳市淅川县为例 [J]. 乡村科技，13（22）：35-41.

吕文慧，段鹏，周洁如，等，2021. 我国城乡居民健康投资现状的差异及对策研究 [J]. 现代管理科学，8：35-45.

史磊，郑珊，2017. 日本农村环境治理中的农户参与机制及启示 [J]. 世界农业，10：48-53.

孙远奎，黄东，孙颖，2019. 美丽乡村建设的现状及农户参与意愿分析——

基于徐州睢宁县的调查分析［J］. 农村经济与科技, 30 (9): 238-240.

陶娅, 盖志毅, 王桂英, 2021. 农户长期健康投资意愿和行为的影响因素研究——基于双变量 Probit 模型的分析［J］. 财经问题研究, 12: 97-104.

王瑶, 2023. 乡村振兴背景下乡村产业融合路径研究［J］. 智慧农业导刊, 3 (10): 144-147.

张学波, 刘莎莎, 于伟, 等, 2022. 基于美丽乡村建设的农户参与生态环境治理行为机制［J］. 人文地理, 37 (5): 106-113.

郑仙蓉, 2021. 乡村振兴　健康先行［J］. 健康中国观察, 4: 28-35.

第六章　旧州村村域循环经济现状、问题及对策

一、引言

村域循环经济，即依托村级层面去构建循环经济体制。在现代经济环境中，通过村域经济的循环构建，在村级区域内实现经济闭合环路，让经济模式能够依托于村级区域实现内部协调发展，对于实现国家基层经济的可持续发展具有重要作用。从现有文献看，在循环经济的相关研究中，仍以理论研究为主，涉及实践的偏少。与实践结合研究的区域多偏向于城市循环经济研究，针对村域范围内循环经济的研究较少。本章将以贵州省台江县旧州村作为研究对象，利用投入产出法对旧州村村域循环经济的经济效益、生态效益、社会效益进行研究。针对研究所得分析了旧州村村域循环经济存在的问题，并提出了相应对策。得出的研究结论能够为类似的村域循环经济提供必要的参考依据和决策启示。

(一) 循环经济相关理论

1. 循环经济的提出　对于如何在发展经济的同时减少对自然生态的破坏和促进发展的可持续性，人们提出了循环经济的发展理念。1960 年，美国学者鲍丁提出了"宇宙飞船理论"，这是循环经济思想的源头；1970 年始，人们对于工业污染防治开始末端治理；到了 1980 年，不断增加的废弃物和日益减少的资源使人们开始将废弃物资源化；循环经济的理论就在这样不断的实践中持续发展 (Lee et al., 1998)。直到 1990 年，英国环境经济学家 Pearce 和 Turner 才在《自然资源和环境经济学》一书中明确提出了"循环经济"的概念。随着社会经济的发展，人们对循环经济的认识不断提升，毛如柏、冯之浚 (2003) 循环经济概念的定义也从环境保护和节约资源变成了一种可持续的经济发展模式和人与自然协调发展的发展方式。

2. 循环经济的内涵及其特征　循环经济又被叫作物质闭环流动型经济。

顾名思义，循环经济是由"资源-产品-资源再生"所构成的物质在一个闭环内循环流动的经济发展模式，循环经济是一种生态保护型和资源节约型经济。

传统的经济模式是单向流动的线性经济，特征是高开采、低利用、高排放。循环经济与之相反，是一个"资源-产品-资源再生"的反馈式流动的闭环性经济，循环经济的特征是低开采、高利用、低排放。在这个闭环的经济循环中，一切物资和能量都必须能够被合理地、持续地使用，以最大限度地减少对环境的影响。

3. 循环经济的原则　李汝雄、王建基（2000）提出"3R"原则。"3R"原则是循环经济最重要的基本行为准则和实际操作原则，"3R 原则"即减量化原则（reduce）、再利用原则（reuse）和资源再生化原则（recycle）。减量化就是减少进入生产和消费过程的物质量，从源头节约资源，减少污染物排放；再利用是通过延长产品和服务的使用时间来保护生态环境；再循环是将完成使用功能后的物品变成再生资源重复利用。王道君、潘进夏（2003）认为循环经济并非单纯以资源回收为目的，将废物资源化，循环经济强调的是降低资源消耗、降低废物生成，进行资源的再利用与再生。

（二）研究内容

本章以循环经济的基本理论为基础，针对村域范围内的循环经济，采用投入产出法对旧州村村域循环经济的现状进行经济效益、生态效益和社会效益分析评价，结合调研访谈内容指出旧州村村域循环经济所存在的问题，最后对旧州村村域循环经济的发展提出对策。本章以贵州省旧州村的村域循环经济为研究对象，对旧州村村域循环经济的现状、问题及对策三个方面进行探讨，以此提出贵州省类似村域循环经济发展的有效途径。

（三）研究方法

（1）投入产出法　通过实地调研与测量获得相关数据，对旧州村各个农业系统的投入和产出进行分析。

（2）田野调查法　对旧州村进行实地考察，与产业负责人进行访谈，了解旧州村循环经济的现状和面临的问题。

二、文献综述

（一）国外研究现状

于洪良（2004）指出在发达国家，循环经济研究已经成为一种趋势，在实践上也取得了一定突破。一些外国学者利用生态经济学的方法对循环经济进行了大量的相关研究。在如何改善资源循环利用的问题上，国外有了一些针对不同资源的循环利用研究成果。孙卫、彭志方（2005）和曲格平（2002）研究发现日本、德国等发达国家在循环经济方面具有先发优势，他们主要是通过选取合适的地点建立工业生态园来模仿出一个自然生态系统，以达到在工业系统中循环使用资源和能源来推动循环经济的效果，但是缺少将循环经济作为一种经济发展模式的理论研究。相比理论研究的缺乏，国外更加注重循环经济在具体领域的应用和实现手段。国外大多数的研究是立足于单个企业、园区、体系和社会某一方面的实际情况进行的，如杜邦的单个企业模式、丹麦卡伦堡工业园区模式、德国DSD回收再利用体系以及日本的循环社会模式。同时，吴欣（2004）研究发现西方发达国家相继发展循环经济、建立循环型社会。德国、日本等国家认为循环经济可以增强国家的竞争力，并为此制定了相关的法律。西方发达国家对于自身农业产品过剩问题，通过实行后现代世界中的农业发展模式，来促进循环农业的可持续发展。

（二）国内研究现状

国内有许多关于循环经济的相关研究。归结起来，主要有以下三个方面：

1. 在理论研究方面 徐凯扬、李国民（2005）利用生态学等交叉学科对循环经济的内涵、特征、功能、定位、意义等进行理论探索研究。陈森发等（2004）则对循环经济生态链搭建上的理论进行了讨论与研究。章波、黄贤金（2005）对循环经济发展的指标评价体系进行了研究。张磊、陆气浩（2003）对循环经济的政策、法规与保障体系的策略分析方面进行了研究。

2. 在研究方法方面 崔源声（2004）和何宽、陈森发（2006）以数学的方法构建了循环经济的数学模型和解释结构模型。陈兴鹏（2005）把能值分析与循环经济研究相结合，构建能值与循环转移模型。张文红、陈森发（2004）利用混合指标层次模糊决策法对农村循环经济进行应用研究。周国梅、彭吴（2003）从循环经济和工业生态效率的关系出发，利用层次分析法对其进行综合评价。

3. 在实践应用方面 清华大学金涌院士对化工行业的循环经济生产技术开展研究。刘青松（2003）把循环经济理念应用到生态旅游模式设计中。仇恒佳等（2005）把循环经济与景观结合起来进行区域结构研究。崔铁宁、朱坦（2003）把循环经济理念应用于中小城镇环境规划。

（三）文献综评

相关研究主要集中于关于循环经济的内涵、原则、实践、模式等，所采用的评估手段各有特色，而且研究的领域也较为宽泛。目前，我国在发展循环经济上已经做了一些积极的探索和研究，但是我国循环经济的发展还处于初级阶段，对于循环经济的关注远远落后于国外，并且更多地侧重于国家层面的发展，对于地区乃至村级的循环经济的分析与评估较少。因此，本章以贵州省台江县旧州村为研究对象，探讨了村域下循环经济的现状、问题和对策。

三、旧州村村域循环经济的现状

（一）旧州村村域循环经济概况

旧州村地处贵州省黔东南州台江县施洞镇，村子东面有828县道，村子南面是一望无垠的山脉，村子的西边是邻村四新村，北边是清水江。在村域循环经济方面，旧州村拥有两个方向的循环经济：一是以稻田生态渔业为主的"稻鱼小循环"；二是以獭兔养殖为主，番茄和蓝靛种植为辅的"种养大循环"。

2017年，旧州村整合资源成立合作社，在此期间流转了150亩的土地整合成了一块便于规模化生产的大坝，主要用于种植红菜薹、白萝卜等，但是由于缺乏科学管理，合作社收益不佳，其间又遭遇了旱灾和雪灾，坝区一度荒废。2021年，旧州村重新整合资源，在产业发展上采取"稻鱼小循环、种养大循环"方式，发展水稻养鱼、番茄、蓝靛、獭兔等产业，构建种养循环生态系统，以促进旧州村循环经济的可持续发展。

（二）黔东南地区的稻田养鱼历史

黔东南地区1 200多年前开始了传统的稻田养鱼，利用稻鱼共生理论，村民在"坝子"和梯田种植水稻的同时将鲤放入稻田进行放养，以获得额外的蛋白质。村民也会将人畜的粪便进行简单的沤肥用来给农作物施肥。这个阶段是原始的循环经济阶段。改革开放后，为了追求效率，村民减少了自己沤肥，开始使用更加简便的复合肥。生活水平的提高也使得稻田养鱼不再是主要的蛋白质来源，更多变成了一种风味上的追求。21世纪初，由于传统经济模式对生态造成了严重的影响，可持续发展开始受到人们的重视，循环经济更加符合可持续发展的要求。2015年，黔稻（荷）鱼生态种养作为黔东南州"6个100万"绿色生态现代农业工程之一开始实施，依托雷公山和月亮山地区生态优势，打造台江、从江、榕江和雷山等八个重点县"稻鱼（虾、鳅、蟹等）共生""稻鱼（虾等）藕荷连作""茭白泥鳅共生"等养殖模式。稻田养殖面积从2015年的1.464万公顷扩大到2020年的7.595万公顷，产量从0.74万吨提高到 3.21 万吨。

（三）旧州村稻田生态渔业

稻田养鱼是利用稻鱼共生原理，实现"稻田养鱼鱼养稻、稻谷增产鱼增收"，达到稻鱼增收的目的。旧州村稻田养鱼历史悠久，主要养殖品种为鲤。稻田养鱼分为传统的稻田放鱼（在种植一季水稻的同时将一季鲤放入稻田放养、平板式养殖，人放天养）和稻田生态渔业（通过在稻田中开挖鱼沟，扩大鱼的活动范围，在稻田一端开挖占田面积 8%～10% 的鱼函）。传统式的稻田放鱼单产不高，主要是自养自食。稻田生态渔业，通过开挖鱼沟、鱼函，在尽量避免减少水稻种植面积的同时增加养鱼空间以增加鱼类产量。稻田生态渔业中鱼和水稻形成一个共生的复合生态系统，不仅不影响各自的生长，而且水稻和鱼还能够相互促进、互惠互利，促进物质能量循环，实现系统的良性循环。

1. 旧州村稻田生态渔业（稻鱼小循环）**的经济效益** 稻田生态渔业和单种水稻对比：在总投入上，稻田生态渔业的总投入比单种水稻每年每亩要多投入 250 元，主要是稻田生态渔业每年每亩要多 250 元的鱼苗投入和 100 元的人工捕捞投入，但因为稻田生态渔业不需要农药和对复合肥需要较少，所以在这两个项目上稻鱼生态渔业每年每亩要少投入 100 元。在总收入上，稻田生态渔业每年每亩的总收入要比单种水稻多收获 50 千克价值 1 250 元的田鱼。在利润上，稻田生态渔业每年每亩的总利润比单种水稻多赚 1 000 元。

稻田生态渔业和传统稻田放鱼对比：在总投入上，稻田生态渔业的总投入比传统稻田放鱼每年每亩要多投入 25 元，其中在鱼苗投入上稻田生态渔业每年每亩要多投入 125 元，在农药和复合肥上要少投入 100 元。在总收入上，稻田生态渔业要比传统稻田放鱼多收获 25 千克价值 625 元的田鱼。在利润上，稻田生态渔业每年每亩要比传统稻田放鱼多赚 600 元。

在经济效益上，因为受山地丘陵地形限制，所以人工费用高，土地流转费高。单种水稻每年每亩需投入 1 940 元，总收入却只有 2 007.5 元，盈利 67.5 元，利润微薄，如果受自然灾害影响减产，可能会导致负盈利，在三者中抗风险能力最低。传统稻田放鱼每年每亩需投入 2 165 元，总收入 2 632.5 元，盈利 467.5 元，利润比单种水稻可观，如果受自然灾害影响减产，会降低利润，在三者中抗风险能力中等。稻田生态渔业每年每亩需投入 2 190 元，总收入 3 257.5 元，盈利 1 067.5 元，每年每亩的利润比单种水稻多 1 000 元，是传统稻田放鱼的两倍多，利润更为可观，即使受自然灾害影响，也能保证一定的盈利，在三者中抗风险能力最高。稻田生态渔业的经济效益比单种水稻和传统的稻田放鱼效益高（表 6-1）。

表 6-1 单种水稻、传统稻田放鱼、稻田生态渔业单位面积（1 亩）
的经济效益对比

成本-收益要素	单种水稻（元）	传统稻田放鱼（元）	稻田生态渔业（元）
成本			
种子	50	50	50
复合肥	200	200	150
农药	50	50	—
尿素	10	10	10
人工	700	800	800
燃油	30	30	30
土地流转	900	900	900
鱼苗	—	125	250
总成本	1 940	2 165	2 190
收益			
总收益	2 007.5	2 632.5	3 257.5
净利润	67.5	467.5	1 067.5

2. 旧州村稻田生态渔业（稻鱼小循环）的生态效益 如图 6-1 所示，在稻田生态渔业中人类、鱼类和水稻之间构成了一个循环系统：水稻产出的米糠为鱼提供了食物，通过光合作用产出氧气为鱼类供氧，水稻的稻草还可以为鱼类提供避光处和庇护所。鱼类则通过排放鱼粪用作水稻的成长养料，在日常通过呼吸作用产生二氧化碳促进水稻生长，鱼类还可以为水稻松土和捕食啃食水稻的虫子。在鱼类和人类的循环中，人类将自身所产生的粪便投放进水田中分解培养微生物，微生物的存在使得鱼类的食物变得更加丰富，而鱼类则为人类提供了鱼肉，鱼肉提高了经济收入。人和水稻的循环与人和鱼类似，人投放粪便为水稻增加肥力，水稻产生稻米为人类增收（D′Oultremont 和 Gutierrez，2002）。旧州村的稻田生态渔业和传统的稻田放鱼相比，传统的稻田放鱼因为投放量少，存活率低，在稻鱼循环中鱼类给水稻提供的肥力和除虫效果差；而稻鱼生态渔业在科学种养下，鱼类的投放量大，存活率高，鱼类为水稻提供的肥力充足，除虫效果好，使用的化肥更少，不使用农药，具有更高的生态效益。

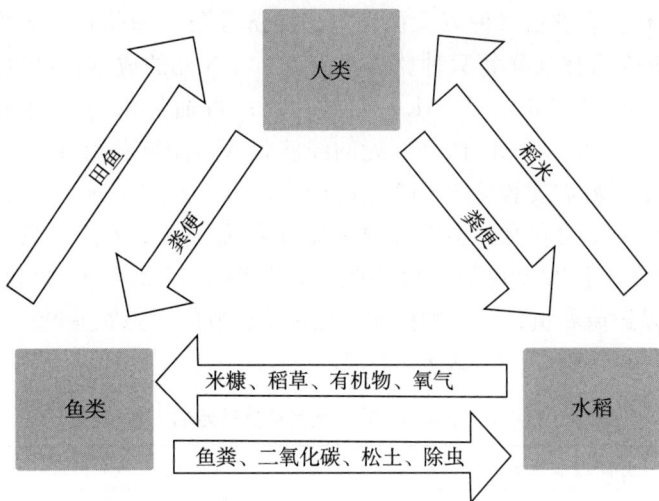

图 6-1 稻田生态渔业循环系统

3. 旧州村稻田生态渔业（稻鱼小循环）的社会效益　首先，随着市场经济的发展，农村越来越多的年轻人选择外出打工，从事非农产业。农村的荒废土地变多，稻鱼生态农业可以流转荒地进行农业生产，在一定程度上保证了耕地红线，使荒废的土地得到了利用；其次，稻田生态渔业也给留守老人提供了一个创收途径，稻田生态渔业操作简单，老人也可操作。旧州村稻鱼养殖历史悠久，对于稻田生态渔业操作，老人们有一定的相关经验，可以通过稻田生态渔业来获得收入。丧失劳动能力和有闲置土地的农民也可以通过流转土地给合作社开展稻田生态渔业来获得土地流转费。收入的增加可以提升村民的获得感和幸福感，提升对集体的满意度。

（四）旧州村生态农业（种养大循环）

旧州村的另一个循环经济是以獭兔养殖、蓝靛种植、番茄种植所构成的种养大循环。如图 6-2 所示，旧州村的生态农业主体是獭兔养殖，通过将养殖獭兔时所产生的兔粪循环利用为种植蓝靛和番茄的肥料，达到循环利用和减少肥料使用的效果。

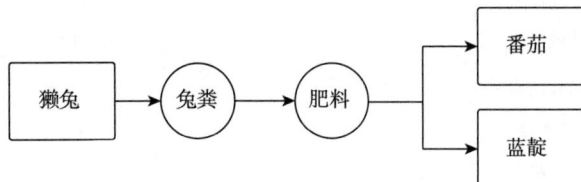

图 6-2　旧州村种养大循环生态农业示意

1. 旧州村生态农业（种养大循环）的经济效益　旧州村生态农业（种养大循环）下獭兔养殖每年每只种兔需要投入 298.5 元的成本，可以产出 3 000元的经济收入，能够获得 2 701.5 元的利润；番茄种植每年每亩需要投入3 957 元的成本，可以产出 12 000 元的经济收入，能够获得 8 043 元的利润；蓝靛种植每年每亩需要投入 3 042 元的成本，可以产出 7 000 元的经济收入，能够获得 3 958 元的利润。整个种养大循环系统，每年每亩（只）需要投入7 297.5，能够产生 22 000 元的经济收入，获得 14 702.5 元的利润。总体来说，旧州村以獭兔养殖、蓝靛种植和番茄种植构成的生态农业产业每年的经济效益都十分可观（表 6 - 2、表 6 - 3、表 6 - 4）。

表 6 - 2　单位个体（1 只）獭兔种兔养殖的成本-收益

成本-收益要素	成本-收益（元）
成本	
种兔	100
电力	5
饲料	190
人工	2.5
防疫	1
总成本	298.5
收益	
总收益	3 000
净利润	2 701.5

注：不计算种兔所产幼兔的饲料投入。

表 6 - 3　单位面积（1 亩）番茄生产的成本-收益

成本-收益要素	成本-收益（元）
成本	
种子	150
育苗	200
育苗盘	297
机质土	210
有机肥	800
水肥	70
膜	100
人工	1 200

成本-收益要素	成本-收益（元）
土地流转	900
燃油	30
总成本	3 957
收益	
总收益	12 000
净利润	8 043

表6-4　单位面积（1亩）蓝靛生产的成本-收益

成本-收益要素	成本-收益（元）
成本	
分红	168
承接物资和劳务补助	930
土地流转	120
翻犁	80
植苗	133
起垄	50
除草	100
过冬膜	133
人工	1 300
投保	28
总成本	3 042
收益	
总收益	7 000
净利润	3 958

2. 旧州村生态农业（种养大循环）的生态效益　如图6-2所示，在旧州村的生态农业中，在獭兔养殖环节将养殖獭兔所产生的兔粪经过处理后变成番茄和蓝靛种植所需要的有机肥。这样处理既减少了种植环节的有机肥投入、降低了种植成本，又让养殖环节所产生的兔粪得到了合理的再次利用，避免了处理兔粪所需的人力物力成本和兔粪排放导致的水源污染。旧州村将獭兔养殖和番茄、蓝靛种植相结合的循环经济比起三者独立进行生产，互不影响，更具

发展的可持续性，具有更好的生态效益。

3. 旧州村生态农业（种养大循环）的社会效益　旧州村生态农业所产生的社会效益主要有三点：第一，提高了旧州村村民的经济收入，村民从事生态农业可以获得比传统种养殖业更高的收入。将闲置土地流转给合作社进行生态农业生产也可以获得土地流转费和分红。第二，生态农业可以提高旧州村的集体形象。在国家大力提倡发展可持续循环型经济的大背景下，发展生态农业可以使旧州村比附近实行传统经济的村落在村容村貌上更具特色、拥有更好的集体形象。第三，生态农业的高效益会渐渐吸引外出打工的青壮年返村从事生态农业。青壮年的回归，一方面带回来了外面的先进见闻，有利于促进旧州村的经济发展；另一方面可以缓解村里的留守问题（留守儿童和老人）。总的来说，旧州村生态农业对于旧州村的经济和社会发展都具有正面的促进效果。

四、旧州村村域循环经济存在的问题

（一）自然环境条件的限制

旧州村地处黔东南州，山地、丘陵居多，喀斯特地貌发达，耕地占比少，地表崎岖，土层薄，使得在旧州村开展种植业被自然地理条件牢牢束缚。气象灾害是另一个影响旧州村农业生产的重要因素，当地统计年鉴显示，2015—2021 年七年间，2017 年、2018 年和 2021 年的年降水量不足 1 200 毫米，2016 年、2019 年的年降水量不足 1 300 毫米，只有 2015 年和 2020 年的年降水量超过了 1 400 毫米。虽然从降水量上看来较为可观，但是旧州村雨季集中在 5—10 月，主要地形地貌以喀斯特地貌为主，地表水极易转化为地下水，地表缺水，一旦长期无雨就极易导致干旱。恶劣的自然条件限制了旧州村村域循环经济的发展。

（二）机械化水平低，人工成本过高

RESSET 行业数据库显示，在东部五省（山东、江苏、黑龙江、河南、河北）和西部五省（四川、贵州、云南、陕西、甘肃）的农用机械总动力占比中，东部五省占据了 74%。西部五省多高原、山地和丘陵，受自然环境的影响适宜机械化种植的平原较少，导致在十个省份的农用机械总动力中西部五省只占 26%，贵州的占比更是只有 5%，这反映出贵州的农业机械化水平较低。旧州村的农业机械化水平更是低下，只有 3 台小型翻犁机和 1 台小型挖沟机。机械化水平低又导致了农业生产的人工成本高。

全国农产品成本收益资料汇编显示，在十个省份种植小麦每年每亩所需的人工成本中，东部五省的平均人工成本是 280.6 元，西部五省的平均人工成本是 626.8 元，十个省份的平均人工成本是 453.7 元。最低的是黑龙江，仅需 76 元；最高的是贵州，贵州的人工成本是黑龙江的 8 倍多，高达 670 元，比十个省份的平均人工成本还高 216.3 元，比西部五省的平均人工成本高 43.2 元。如表 6-5 所示，旧州村种植水稻每亩的人工成本是 700 元，生态渔业是 800 元，番茄是 1 200 元，蓝靛是 1 300 元。低下的机械化水平和高昂的人工成本成了旧州村村域循环经济发展的制约因素。

表 6-5　旧州村各产业单位面积（1 亩）生产人工成本

产业	人工成本（元）
水稻种植	700
生态渔业	800
番茄种植	1 200
蓝靛种植	1 300

（三）土地流转费过高

土流网给出的贵州省 2022 年每亩的水田流转均价显示，2022 年贵州省每亩水田流转均价最高的市级行政区域是贵阳市 750.2 元，最低的是黔西南州 454.4 元；贵州省 2022 年全省每亩水田的流转均价约 602 元。旧州村的水田流转费为每亩 900 元，超过了黔东南州均价 346.6 元，高出全省均价 298 元，比最高的贵阳市还高 149.8 元，是最低的黔西南州的近两倍。旧州村高昂的土地流转费增加了旧州村农业生产的成本，压缩了农业生产的利润，不利于旧州村村域循环经济的可持续发展。

（四）獭兔养殖饲料成本过高，缺乏本地獭兔销售市场

在表 6-2 中可以发现，獭兔养殖的投入中，每年每只种兔所需投入中占比最大的是饲料。在访谈了解旧州村獭兔养殖负责人后发现，饲料成本高的原因是当地没有生产獭兔饲料的厂商，养殖獭兔所需要的饲料需要从外省采购，这大大增加了养殖成本。聂相珍（2016）研究指出黔东南州经济状况较落后，当地人对于食物的选择都比较本土化和原始化，烹调的植物原料基本是就地取材，肉的种类也相对较少，以猪肉、牛肉、狗肉、鱼肉等肉类为主。黔东南州人民食用兔肉较少，没有相应的饮食习惯，旧州村所养殖的獭兔多售往四川和重庆等有食用兔肉习惯的地区，但是销售距离的增加也变相增加了销售的成本。旧州村獭兔养殖饲料来源和销售市场都"受制于人"，从而增加了成本、降低了利润，不利于旧州村村域循环经济的可持续性发展。

五、旧州村村域循环经济的发展对策

（一）建设水利设施，提高旱灾防控能力

水是农业生产的重要资源，旧州村的獭兔养殖和稻田生态渔业等种养产业都是用水大户，一旦遭受旱灾会产生巨大的损失。面对自然灾害，尤其是旱灾，旧州村缺少应对能力，缺乏防控意识。建议在当地选择适宜的位置修建水库，这样可以在雨水充沛的季节储存水资源，到了干旱季可以使用水库来应对干旱。除此之外，还应该做好旱灾预防，当地的气象部门可以提前给农户提供旱灾预警，做到防患于未然，以便旱灾来临时可以更好应对。

（二）引进特色小型农机，降低人工成本

旧州村的地形地貌导致大中型农机无法在当地使用，在当地进行农业生产时只能使用人工进行劳作，导致了生产中人工成本过高。建议加大引进特色小型农机替代人工进行生产劳作，降低人工成本。相关部门可以在购机时推行购机补贴政策，鼓励农户和合作社使用农机进行生产，并支持农机售后服务，让农户和合作社放心购买。最后，加强农户和农业部门之间的交流和联系，推动农技农机相互融合，提升农业工作人员的农机操作技能，并与地方的实际情况相结合，持续扩大特色小型农业机械的发展空间，以降低人工成本，促进旧州村村域循环经济的可持续发展。

（三）推行土地价格市场化，加强政策支持

过高的土地流转费不止增加了合作社的生产成本，也会打击其生产积极性。针对旧州村目前过高的土地流转费，建议建立起市场化的土地价格机制，将土地的估价、流转和交易市场化，既保障了农户利益不受损，又能降低合作社的生产成本。此外，当地政府应该加强相关的政策支持。例如，通过推广土地流转合同模板，降低合同制定和履约成本；在税收政策和金融支持方面提供土地流转补贴；建立产权保障制度，明确土地的产权归属和转让，增加土地流转的稳定性等。通过土地价格市场化和相关的政策支持来降低土地成本，以促进旧州村村域循环经济的发展。

（四）提高生产效益，改进销售方式

獭兔属于单胃食草动物，常用的饲料品种主要包括青饲料、粗饲料、精饲料。喂养獭兔时，必须保持饲料种类的丰富性，夏秋季节以青饲料为主，冬春季节以粗饲料为主；此外，不论是夏秋季节还是冬春季节，养殖人员都要适当

为獭兔添加精饲料。根据獭兔的习性，夏秋季节时可采取套种高产牧草的方式，种植高产牧草作为青饲料喂养獭兔；冬春季节时可将水稻秸秆（晒干后）、牧草干草（夏秋季节套种的牧草晒干储存所得）和番茄藤蔓（晒干后）等搅碎、混合供獭兔食用，在此基础上适当添加购买的精饲料即可。采用自配饲料加精饲料综合饲养的方法可以减少獭兔养殖的饲料成本。在獭兔的销售上，可以采用线上平台的方式拓展销售渠道，将獭兔委托肉制品加工厂商进一步加工成为半成品兔肉或者即食食品后，通过线上平台进行销售。

六、参考文献

白科，2023."双碳"目标下我国西北地区环境与经济双向驱动发展研究[D]．喀什：喀什大学．

曹凤中，2002. 生态全息论对发展循环经济的启示[J]．环境污染与防治，6：321-323.

陈森发，闵毅梅，张文红，等，2004. 循环经济理念与江苏省发展循环经济的构想[J]．东南大学学报，6（1）：13-17.

陈兴鹏，2005. 基于能值分析的西北地区循环经济研究[J]．资源科学，27（1）：52-59.

崔铁宁，朱坦，2003. 中小城镇环境规划中循环经济理念的拓展[J]．城市环境与城市生态，16（6）：2.

崔源声，2004. 循环经济的基本原理和数学模型[J]．新世纪水泥导报，S1：45-49.

李兵，杨洪，2016. 黔东南州稻田养鱼发展历程及现状[J]．农技服务，33（14）：137-138.

李汝雄，王建基，2000. 循环经济是实现可持续发展的必由之路[J]．环境保护，11：29-30.

刘青松，2003. 发展生态旅游　推动循环经济发展——吴县市生态旅游模式设计[J]．污染防治技术，16（2）：4.

罗昌妃，胡旭，2021. 黔东南州稻渔综合种养发展存在的问题及对策[J]．农技服务，38（5）：117-118.

毛如柏，冯之浚，2003. 论循环经济[M]．北京：经济科学出版社．

倪兰，2022. 贵州省农业经济发展的制约因素分析——从农业资源禀赋的角度[J]．经济研究导刊，7：22-24.

聂相珍，2016. 黔东南苗族饮食文化概述[J]．南宁职业技术学院学报，21（2）：9-12.

盘祖香，樊章梅，谌金吾，等，2023. 黔东南苗族侗族自治州山地稻田养鱼技术 [J]. 农业与技术，43（5）：89-92.

仇恒佳，卞新民，刘红霞，等，2005. 循环农业中景观生态格局分析与建设 [J]. 中国农业资源与区划，26（1）：15-19.

曲格平，2002. 发展循环经济是 21 世纪的大趋势 [J]. 中国城市经济，1：27-28.

孙卫，彭志方，2005. 发展循环经济的国际比较与战略思考 [J]. 科学技术管理，1：95-100.

孙振虎，2021. 浅谈獭兔养殖技术 [J]. 养殖与饲料，20（2）：26-27.

王道君，潘进夏，2003. 循环经济——21 世纪的战略选择 [J]. 陕西环境，2：5-7.

吴欣，2004. 循环农业的生态学阐释 [J]. 纵横论坛，20（5）：30-32.

许凯扬，李国民，2005. 基于生态学原理的循环经济研究 [J]. 长沙理工大学学报，20（3）：5-7.

于洪良，2004. 人类呼唤循环经济 [J]. 价格月刊，9：5-6.

曾尊固，罗守贵，2001. 可持续农业与农村发展研究述评 [J]. 世界地理研究，4：29-38.

张磊，陆气浩，2003. 发展循环经济——走新型化工业道路 [J]. 污染防治技术，16（3）：55-57.

张文红，陈森发，2004. 混合指标层次模糊决策法及其在农村循环经济建设中的应用 [J]. 东南大学学报，34（3）：410-413.

章波，黄贤金，2005. 循环经济发展指标体系研究及实证评价 [J] 中国人口、资源与环境，15（3）：22-25.

周国梅，彭昊，2003. 循环经济和工业生态效率指标体系 [J]. 城市环境与城市生态，16（6）：3.

D'Oultremont T.，Gutierrez A. P.，2002. A multitrophic model of a rice-fish agroecosystem：Ⅱ. Linking the flooded rice-fishpond systems [J]. Ecological Modelling，155：159-176.

Lee C. H.，Chang，et al.，1998. Development and implementation of producer responsibility recycling system [J]. Resources，Conservation and Recycling，24：121-135.

第七章 水族马尾绣产业发展现状、问题及对策研究
——以贵州省三都县为例

一、引言

中国是最早养蚕的国家，也是丝绸之路和丝绸贸易的发源地。在秦汉之前，人们就已经能够凭借劳动的经验和实践织出较为精致的丝织品。在门类繁多的刺绣派别中，古老的刺绣艺术——水族马尾绣又是独具一格。水族马尾绣是中国传统文化遗产中的一种独特艺术形式，具有较高的历史文化价值和民族技艺特色。然而，伴随着传承主体的流失及缺乏有效管理，现有工艺水平下降，使得水族马尾绣文化的产业发展遭受重大影响。此外，社会多元文化的挤压使得水族马尾绣产业的传承与发展也面临严峻挑战。

近年来，国家出台了一系列关于民族文化传承与保护的相关支持政策，在广度和深度上取得了一定的成效。例如，水族马尾绣自 2006 年被列入第一批国家级非物质文化遗产名录，享有"刺绣中的活化石"之美誉。党的二十大报告明确指出：在加强城乡建设，致力乡村振兴的同时也不要忘记加大对非物质文化遗产的保护力度，以民族文化代表性标识为主线，采用保护与合理利用相结合，运用动态的方法去发掘民族技艺的文化价值和潜在的经济效益，助力其传承与发展。

本章以贵州省三都水族自治县（以下简称"三都县"）水族传统的马尾绣工艺为例，系统探究其产业发展现状，分析其优势、劣势、存在的问题及面临的调整，并提出可行的对策建议，希望为推动中国传统文化的保护、发展和传承贡献自己的力量。

二、研究背景与研究方法

(一) 研究背景

Zhang（2011）指出，水族的马尾刺绣条纹的灵感来自蝴蝶条纹，其出现

的主要原因是人们对自然的崇拜和尊重。蝴蝶条纹趋向于线条流畅、图案对称，蕴含着水族前辈祝福后代幸福、健康和美好生活的期望。由此可见，研究水族蝴蝶条纹有利于古代传统少数民族文化的保存和传承，对贵州省旅游业的发展也具有重要意义。Li 等（2020）提出，在促进文化产业发展时，应该通过增加刺绣产品细分和定制以及行业内或跨行业合作，积极应对不断变化的市场环境。这种灵活的、规模化的策略帮助行业吸引了本地人才并满足了市场需求，同时为高端艺术产品拓宽了空间。目前，研究者对于水族马尾绣的关注度不高，可能有些学者只是抱有好奇的心理，仅在审美层面的基础上对其进行了解、欣赏或收藏，至今未形成系统完整的学术研究。

1. 马尾绣产业化发展现状研究　黄雪雯等（2022）指出，随着我国经济的快速发展，市场多样化的出现使得民族文化产业在很短时间内走进大众的视野，并随着旅游业的兴起而得到关注。田佳丽等（2021）通过对三都县境内比较盛行马尾绣文化的地区进行调研发现，马尾绣传承人几乎都是缺少文化的中年妇女，并且不支持自家小孩学习马尾绣。通过调研和分析，提出了重视培养传承人才、发挥自身优势打造马尾绣品牌、文化价值再塑造、加大宣传力度、建立文化共享平台等创新发展的建议。潘祖畅（2016）在研究中就明确提出了要实行生产与保护相结合的动态发展模式，强调要加大培训力度、建立传承基地与协会组织，对非遗产业进行保护性发展。冯耘（2012）通过观察现代社会发展的特点，总结出马尾绣的发展现状和异化趋势，提出了非物质文化遗产中商品化发展浪潮引发的传统文化"原真"消失的担忧。许笛、刘雯（2019）提起，在互联网发达的时代，我国经济迎来了一个新的发展阶段，新媒体的普及与应用使得电子商务受到越来越多人的重视。对于少数民族而言不得不说是良好的机遇，借助互联网平台发展民族特色产业，既是传播与发扬民族文化的重要手段，又是提高经济效益的潜在动力。

2. 马尾绣的传承与发展研究　马尾绣以马尾作为重要原料，是三都水族自治县的一种古老且特殊的刺绣技艺，这也是它与其他刺绣文化相比独具魅力的特色（陈海燕，2022）。自成功列入国家级非物质文化遗产保护名录以来，这项传统技艺开始逐渐焕发新的活力。同时，马尾绣在产业化发展之后，作为一种为满足消费者需求而生产的商品与其本身作为"非遗"所蕴含的文化内涵又产生了新的冲突，马尾绣在非遗背景下发展中的利与弊值得反思与探讨。曾莉娅等（2021）指出，马尾绣作为水族文化里特有的刺绣工艺，一度被广泛应用于本民族各种工艺品的创作。但随着时代的发展，出现了马尾绣文化的技艺传承与时代发展脱节的现象，导致马尾绣逐渐淡出了大众视野，在漫长的岁月中有可能被人们遗忘。付贤丽等（2017）结合大数据时代背景提出，马尾绣现有的保护与传承力量是远远不够的，应该充分分析水族马尾绣文化遗产发展的定位，从而更好地保护、传承及创新，以探索如何守护好优秀的传统民族文化为最终追求的目标。吴宗平（2016）在研究中就明确表示民族文化产业发展与民族非遗保护有着密切相关，具有相辅相成的内生互动性，认为民族文化的活态传承是文化产业得以继续发展的重要基础。韦仕祺、石兴安（2012）认为水族马尾绣在一定程度上具有发展优势，但并不排除它的传承与发展面临着诸多挑战。当务之急是怎样才能使马尾绣摆脱自身发展的桎梏，更好地与市场化相结合并得到良好的传承发展。吴芳梅（2013）就水族马尾绣该如何发展进行了较为系统的理论思维辨析，从政府及当地人的视角并结合保护制度等方面，提出了要使马尾绣能够更好地发展就要增强当地人的民族文化保护意识，同时要加大政府的投入力度并进行合理的开发，进一步完善利益分配制度等建议。孙向前（2020）明确指出我们民族文化的传承与保护是需要深思熟虑且迫在眉睫的事情，在社会发展与固守传统的双重矛盾中面临严峻的挑战。

3. 马尾绣技艺与现代工艺的结合　柯文晴、李奇菊（2016）把马尾绣的色彩及图案通过提取与描摹的方式运用在箱包中，既满足了审美的需要也实现了物尽所用的目标。马丽、冯果（2015）则提出利用马尾绣图案及色彩的特点，与现代设计的家居布艺产品进行整合，创造出具有民族特色的现代工艺品。张超、朱晓君（2014）表示现阶段对马尾绣的保护与开发利用，既要遵循文化"原生态"的保护又要弄清文化产品的具体定位，通过对市场进行调研分析，在充分掌握消费者的消费方式、消费能力及消费用途的相关信息后拟定产品的开发方向及规模，同时肯定了传统工艺与现代设计相结合的马尾绣新商品，如衣服饰品、室内装饰、铺画、翘尖花鞋、精致香囊、时装布料、手提箱包等。

目前，学者大多围绕水族马尾绣的发展与传承、工艺价值及艺术价值进行理论研究，少数围绕其产业化发展现状进行实证性研究。对于传统工艺文化，除理论指导性研究外，我们更应该把产业化发展落到实处。在建立马尾绣的培训基地、培养传承主体、加大宣传力度的同时，如何解决其保护、储存、申报项目、拓宽销售渠道、加大资金投入等，都是值得研究的问题。

（二）研究方法

（1）问卷调查法　对三都县境内乡镇经营马尾绣产业的相关企业负责人及在店营业人员进行问卷调查，增加数据信息的可信性和真实性。

（2）实地访问法　通过实际调查走访、观察及查阅当地政府官网资料的方式，对三都马尾绣产业发展现状的信息进行收集、研究与数据分析。

三、马尾绣产业发展现状

（一）研究区域基本情况

三都县位于贵州省黔南州东南部，总面积2 500千米^2。最新人口普查的数据显示总人口为45万人，其中水族人口占70％，全国66％以上的水族人口都分布在三都县境内。2021年入选第一批"中国最美县域"名单，有"美得像凤凰羽毛的地方"之称。

马尾绣是水族民间特有的传统技艺，主要分布在三都境内的三合街道、三洞社区以及中和、廷牌、周覃等乡镇的水族村寨，是古老而又颇有生命活力的水族原始艺术形式。由于历史原因，水族地区没有形成自己独立的文化产业体系，导致当地经济发展较为缓慢。调查显示，在国家政策和当地政府的大力支持下，2013年三都县马尾绣年销售额首次突破1 000万元；2014年达到2 000万元；2016年突破3 800万元；直到2019年初，马尾绣产值达到了2亿元。为积极响应乡村振兴发展战略要求，地方政府建立黔南州三都县中和镇雪花湖马尾绣小镇景区，其中雪花湖马尾绣小镇、中和镇雪花洞属于易地扶贫搬迁安置点。在乡村振兴背景下，三都县依靠独特的民族文化和自然旅游资源，将马尾绣小镇产业发展导入休闲度假、康体养生、体育休闲、户外拓展等旅游业态中，营造传统的文化体验和民俗体验。马尾绣小镇成立于2021年，2022年马尾绣销售额达到了300万元。通过一系列举措积极发展以水族马尾绣为代表的乡村振兴战略性新兴产业，形成了具有地域特色的"一县一品"文化产业格局。

笔者在走访过程中了解到的实际情况与资料数据显示有出入。马尾绣小镇景区成立之初，以水族马尾绣产业为主，各种人文旅游方式为辅，在一段时期内该文化产业确实给当地带来了很大的经济效益。然而，好景不长，在兴起的势头过后就迎来了衰退期。马尾绣小镇景区成立至今也不过才2～3年，如今，镇里除了移民搬迁的村民外，只有很少的游客来访；很多之前成立的公司、店铺大部分已关闭，很多年轻劳动力也都外出务工，只留下一些年纪较大的妇女在家带孩子，她们利用闲暇时间来从事马尾绣的生产以获得零星收入。

（二）产业发展模式

从马尾绣业的产品与服务来看，其发展方式具有明显的特殊性，适合于规模小、资源有限的小公司。此模式可促进马尾绣加工的专门化，让企业专注于特定的客户群，使得资源更为集中，也可提升马尾绣技艺，从而提升马尾绣制品的品质。但是，这种方式对马尾绣行业的规模发展不利，在某种程度上对企业的发展造成了一定的制约，而小规模经营又难以形成规模化生产和营销，使得马尾绣行业的品牌影响力难以提高，这对马尾绣行业的发展是不利的。

（三）行业的状况

（1）马尾绣生产方式以手工作坊式为主，采用小批量订制的形式。由于马尾绣品具有的独特工艺，其制作流程比较繁杂，且受材料等因素影响较大，因此很难在短时间内形成大批量的生产。这种小批量和定制生产模式在一定程度上减少了不必要的资金投入，减少生产者的负担，按照生产计划稳步进行产品生产，可以做到现有产品快速销售，解除了产品因滞销而需花费的额外支出。虽然这种生产模式具有一定的优势，但对于民族文化的传承以及企业长期发展是不利的。

（2）三都马尾绣企业大多以直销为主，通过传统的乡镇街道"赶场"摊位形式和设立门面店铺进行销售。对当地的马尾绣企业来讲，基本上都是自产自营，直接把产品销售给客户群体，无需经过中间商环节。除此之外，也有小部分企业通过与具体客户群体达成协议或者签订合同的方式，减少了较为复杂的销售中间环节，也便于卖家能够在交易过程中第一时间捕获市场信息，打破信息壁垒。但这种营销模式的弊端就是销售价格相对较低，销售量也会受到限制。一定程度上分散了企业的精力，无形中加大了企业的投入。

（3）三都县马尾绣在发展过程中，还没有建立起一套系统化的管理模式，也没有一支专门的经营队伍。这个产业通常都是依靠个体的劳动经验和行规来对其进行管理。因此，员工的时间安排比较灵活，可以根据自己的意愿来进行刺绣，其时间、地点都可以由他们自己来决定，只需要在规定的时间里做好一定数量的刺绣就可以了。这种生产管理模式的优点是员工拥有很大的自由度，这对他们合理分配自己的工作时间很有利，也便于他们在工作之余还能照顾到家庭。但这样做的弊端是不利于公司的系统化管理，难以形成公司的核心竞争力，也不利于公司的长期发展。

四、马尾绣产业发展调查与分析

本章的调查分析将为马尾绣产业发展现状和存在的问题提供必要的数据依据，有针对性地提出具体对策建议，助力三都马尾绣产业更好发展。

（一）问卷设计及调查

1. 马尾绣产业发展问卷设计　调查问卷面向相关企业经营人员，主要包含企业员工人数、文化程度、年龄，企业成立时间、经营范围、经营情况、营销模式，干扰选项等 21 个问题，从而对三都马尾绣产业发展现状进行全面梳理。

2. 马尾绣产业发展问卷调查 笔者于 2022 年 8 月至 2023 年 2 月先后调查走访三都县三合镇、中和镇（中和社区）、三洞社区、廷排镇、周覃镇，对19 家马尾绣在营企业进行问卷调查。本次调查发放调查问卷 19 份，收回了 18份，收回率为 95%；有效问卷 17 份，有效率 89%。每个经营企业为一个样本。

（二）马尾绣产业发展问卷分析

从表 7-1 可以看出，受马尾绣工艺特性的影响，其经营者以女性居多。受社会客观条件的影响，经营者年龄普遍偏大。由于传统习俗制约，女性受教育机会少，马尾绣经营者文化程度普遍偏低，主要集中在初中及以下。

表 7-1　马尾绣经营者信息特征

调查项目	选项	人数（人）	百分比（%）
性别	男	2	11.76
	女	15	88.24
年龄	19~29 岁	0	0
	30~39 岁	2	11.76
	40~49 岁	4	23.53
	50~59 岁	6	35.29
	60 岁以上	5	29.41
文化程度	初中及以下	12	70.59
	高中或中专	4	23.53
	大专或本科	1	5.88
	硕士及以上	0	0

由此可以看出，水族马尾绣的传承以妇女为主。然而，随着社会的发展和多元文化市场的影响以及民族工艺制作的特殊性，很多年轻人选择外出谋求更高的收入，再加上受传统习俗影响的老一辈妇女能接受教育的机会少，造成了从业主体年龄偏大和受教育程度普遍偏低的现象，也从侧面反映出马尾绣传承主体流失和民族文化技艺面临失传的现实危险。

从表 7-2 可以看出，马尾绣企业成立时间以 2010 年及以前为主，占比35.29%。因马尾绣入选国家级非物质文化遗产名录后迎来了产业快速发展的时期，其作为独特的民族工艺品，在国家出台的一系列政策的大力支持下，知名度和民族文化技艺价值短时间内急剧上升，市场的增加带来了更多的经济效益，从而吸引了大批马尾绣产业经营者投资。马尾绣的经营主要以个体为主，政府介入比较小，需要政府进一步加大关注度与投资。马尾绣企业的员工人数主要集中在 5 人以下，值得注意的是 15 人以上的占比为零，说明目前马尾绣企业的规模较小。马尾绣企业员工类型主要是以当地妇女和临时员工为主。马尾绣企业员工的年龄主要集中在 40～60 岁；而在 17 家马尾绣企业中均有50～59 岁的人，占比高达 100%。从员工受教育程度来看，在 17 家马尾绣企业中均有初中以下学历，占比为 100%；而高中或中专占比仅为 5.88%，大专或本科和硕士及以上占比则为 0。

表 7-2　马尾绣企业基本情况

调查项目	选项	数量（家）	百分比（%）
成立时间	2010 年及以前	6	35.29
	2011—2015 年	3	17.65
	2016—2020 年	4	23.53
	2021 年至今	4	23.53
经营性质	个体经营	11	64.71
	合伙经营	3	17.65
	政府经营	1	5.88
	政府＋企业经营	2	11.76
员工人数	5 人以下	14	82.35
	5～10 人	2	11.76
	10～15 人	1	5.88
	15 人以上	0	0
员工类型（多选）	当地妇女	16	94.11
	临时工	15	88.23
	雇佣劳动者	3	17.65
	具有销售经验人员	1	5.88
员工年龄（多选）	19～29 岁	0	0
	30～39 岁	1	5.88
	40～49 岁	5	29.41
	50～59 岁	17	100
员工文化程度（多选）	初中及以下	17	100
	高中或中专	1	5.88
	大专或本科	0	0
	硕士及以上	0	0

总体来讲，由于传承主体流失，企业大部分员工都是临时工且年龄普遍偏大，文化水平也普遍偏低，而马尾绣制造工艺过程主要依靠绣娘纯手工制作，需要很强的耐心。笔者走访了解到，现在大部分水族年轻女性都不会制作马尾绣而倾向于外出务工，她们不会制作马尾绣的主要原因是缺乏良好的氛围以及经济效益偏低。

从表7-3可以看出，客流量100人以下的有2家，占比11.76％；100～300人的有5家，占比29.41％；301～500人的有9家，占比52.94％；500人以上的只有1家，占比5.88％。由于马尾绣制品的原材料大致相同，除了"捆丝"时所用到的花线不同外，产品制作工艺和过程具有高度相似性，因此同质化现象明显，导致其价格等因素对于客流量影响较小，只有地理位置产生的差异。部分临近主要街道路口的企业客流量明显好于其他较偏街道的企业。当下，马尾绣旅游业也不很景气，除了来旅游观的少量客源外，客流量相对比较小。从销售额来看，月销售额1万元以下的有12家，占比70.60％；月销售额1万～5万元的有4家，占比23.53％；而月销售额5万～10万元的仅有1家，占比为5.88％。由于产品缺乏创新，再加上市场竞争激烈和产品同质化严重，企业只能通过采取价格战等策略相互竞争。从经营主要成本来看，成本支出主要集中在员工工资的企业最多，占比47.06％；房租水电费和材料费等费用为主要成本的企业占比均为17.65％，绣品管理费为主要成本的企业占比11.76％，而广告宣传费用为主要成本的企业占比仅为5.88％。

表7-3　马尾绣企业经营情况

调查项目	选项	数量（家）	百分比（％）
月客流量	100人以下	2	11.76
	100～300人	5	29.41
	301～500人	9	52.94
	500人以上	1	5.88
月销售额	1万元以下	12	70.60
	1万～5万元	4	23.53
	5万～10万元	1	5.90
	10万元以上	0	0
经营主要成本	员工薪资	8	47.06
	房租水电费	3	17.65
	材料费	3	17.65
	绣品管理费	2	11.76
	广告宣传费用	1	5.88

从表7-4可以看出，现阶段马尾绣企业的宣传方式比较落后，大部分企业仍是以搭建广告牌方式作为宣传手段。同时，也依靠回头客的介绍进行产品的营销，用自媒体进行宣传的很少。销售渠道单一，马尾绣的营销方式主要是线下，占样本总数的82.35%；线上的仅有1家，占比5.88%；而线上与线下结合的只有2家，占比为11.76%。马尾绣经营者可以充分利用马尾绣得天独厚的民族文化资源优势；同时，现代化技术的普及为马尾绣的宣传营销提供了全新的渠道和方式，但由于经营者文化水平普遍偏低，思想比较保守，而且较难接受新鲜事物，对信息技术的运用熟练度不高，掌握起来难度比较大。

表 7-4　马尾绣企业营销模式

调查项目	选项	数量（家）	百分比（%）
宣传方式（多选）	没有任何宣传	0	0
	广告牌宣传	17	100
	网络自媒体宣传	2	11.76
	在人群密集处分发名片	0	0
	回头客相互介绍	12	29.41
营销方式	线下	14	82.35
	线上	1	5.88
	线下+线上	2	11.76

从表7-5可以看出，从经营范围来看，17家马尾绣企业均以加工与销售（服饰）为主，占样本总数100%；生产（描摹）、加工与销售（银器）、文化艺术品购销与出口贸易、农副土特产购销的分别有8家、6家、2家、12家，分别占比47.06%、35.30%、11.76%、70.59%。马尾绣产业经营者在经营过程中也投入很大一部分资源在农副土特产购销上，以弥补马尾绣产业在淡季或是经济效益不佳时的资金周转。水族马尾绣以其独特魅力的民族文化资源优势作为最主要的产业依托。以当地特色产品、当地旅游资源、当地民俗文化、政府相关政策扶持为依托的分别有13家、14家、15家、13家，分别占比76.47%、82.35%、88.23%、76.47%。其中，最为显著的为当地的民俗文化，水族的"端节""吃新节""卯节"是每年客流量最大、销售情况最好、获取经济收益最大的时期，但是每年仅有一次；其次是民俗传统用于市场交易衍生而来的"赶场"，每周进行一次。同时，除政府扶持外，也依靠周围的旅游资源及特色产品来维持客流量。产业经营规模小，零售有5家，占比29.41%，主要为客户提供到店采购；10家经营模式以订制、小批量生产为

主，占比 58.82%；而大批量生产仅有 2 家，占比 11.76%。马尾绣产业并没有真正得到很好开发，其产业化、集约化的发展模式以目前条件而言尚未达到。同时，为避免滞销从而加大管理成本的支出，因此只能订制及小批量生产对外销售。这种模式不利于企业的进一步发展壮大。

表 7-5　马尾绣企业经营策略

调查项目	选项	数量（家）	百分比（%）
经营范围（多选）	生产（描摹）	8	47.06
	加工与销售（服饰）	17	100
	加工与销售（银器）	6	35.30
	文化艺术品购销与出口贸易	2	11.76
	农副土特产购销	12	70.59
经营依托（多选）	当地特色产品	13	76.47
	当地旅游资源	14	82.35
	特色民族文化资源	17	100
	政府相关政策扶持	13	76.47
	当地民俗文化	15	88.23
经营模式	零售	5	29.41
	订制、小批量生产	10	58.82
	大批量生产	2	11.76

从表 7-6 可以看出，马尾绣产业经营者的民族文化传承与发展意识相对薄弱，虽有促进民族文化发展之意，但是大多还是以追求经济利益为主。销售渠道单一、产品缺乏创新、缺乏有效宣传及资金短缺是经营者普遍认为马尾绣产业发展现状存在的问题，占比均为 94.11%；14 家马尾绣企业经营者普遍认为绣品储存条件简陋及民族文化意识薄弱，占比均为 82.35%。16 家马尾绣企业经营者普遍希望政府在贷款优惠、民族文化产业专项政策扶持及资金等方面提供援助，占比均为 94.11%；17 家马尾绣企业经营者希望提供广告宣传支持，占比 100%；13 家马尾绣企业经营者希望由政府牵头组织刺绣文化交流会，占比 76.47%；14 家马尾绣企业经营者希望成立绣娘培训基地，占比82.35%。综上所述，马尾绣产业想要焕发新的生命力，就要紧紧抓住经营者和政府这条关键的连接纽带，把经营者作为产业发展的"显性"动力，政府作为引导和"隐形"支撑，两者要有效结合，在促进马尾绣产业发展的同时也能够推进民族文化的传承与保护。

表7-6　马尾绣企业存在的问题及期望

调查项目	选项	数量（家）	百分比（%）
马尾绣产业发展对民族文化传承与保护是否有帮助	不清楚	0	0
	没有帮助	2	11.76
	有很小帮助	12	70.59
	有较大帮助	3	17.65
发展存在的问题（多选）	储存条件简陋	14	82.35
	产品缺乏创新	16	94.11
	缺乏有效宣传	16	94.11
	民族文化意识薄弱	14	82.35
	销售渠道单一	16	94.11
	资金短缺较严重	16	94.11
最希望被扶持内容（多选）	成立绣娘培训基地	14	82.35
	广告宣传支持	17	100
	加大贷款优惠支持	16	94.11
	民族文化产业专项政策扶持	16	94.11
	提供资金支持	16	94.11
	组织刺绣文化交流会	13	76.47

五、马尾绣产业发展状况分析

(一) 优势 (S)

1. 独特民族文化资源优势　水族马尾绣流传至今已有千年，是水族特有的一种传统民间工艺，产品有强烈的民族韵味和民族艺术特色，得天独厚的民族文化资源给马尾绣产业发展带来强大核心竞争力，这样可以从某种程度上降低市场竞争的强度，对马尾绣产业的发展起到切实的保护作用。

2. 政府有关政策支持　三都县从强化绣娘技艺训练入手，建立水族马尾绣技艺艺术协会，建立马尾绣培训基地。在政府、协会、绣娘之间构建产业发展链接平台，充分利用生态优势和人文优势助力马尾绣特色产业发展，争取最大限度将地方优秀民族文化资源优势变为经济发展优势；牢牢抓住国家对民族文化的政策支持及乡村振兴战略的机会，探寻水族马尾绣更多文化价值、艺术价值、经济价值，积极鼓励广大群众不断创新，在增强拥护民族文化的同时大力发展马尾绣产业，使马尾绣产业逐步由分散状态走向集约化。

3. 马尾绣的制作材料有其独特性 马尾绣不仅是水族特有的一种天然工艺品，而且还具有极高的文化价值和经济价值。马尾绣的原料是马尾，与水族图腾相结合的方法进行创作。另外，马尾绣工艺复杂且难度大，因此马尾绣品价格相对较高。用马尾为原料刺绣的优势是其他刺绣品所没有的。好处是外地游客很难从别处见到这般特别的刺绣材料，由此好奇马尾绣之玄妙，同时吸引了游客对于马尾绣绣制工艺的关注，激发他们的兴趣，从而选购马尾绣制品。客户对马尾绣的兴趣增加，它的知名度也会变大，从而推动马尾绣的发展。

（二）劣势（W）

1. 知名度不高 对比四大名绣，其知名度是远远不及的。虽然马尾绣已成功入选国家级非物质文化遗产保护名录，但并不意味着打响了自身的品牌，市面上仍有很多人并不知道马尾绣这种绣品，由此造成马尾绣产业难以拓展消费市场，产业发展速度缓慢。

2. 产品缺乏创新 目前，许多传统绣娘仍使用水族文化及代代相传的方式来创作产品。这种方式深受传统文化的影响，因此在图案设计和色彩搭配方面呈现出比较固化的趋势，不太符合现代人的审美需求。这种不变的图案设计也导致绣品市场出现了单调乏味的状态，难以吸引现代人的关注。为了推动马尾绣品市场的发展，绣娘需要不断学习、创新和尝试，将传统方式与现代元素相结合，注重实用性和美观性的平衡，以赢得更多市场份额。

3. 营销渠道单一 现阶段，马尾绣产品以货摊与线下门店销售方式为主导。然而，在信息科技时代，三都县马尾绣产业在发展中并没有充分利用互联网优势来拓展销售渠道，不注重线上营销。单一的销售渠道使马尾绣产业难以实现产业化发展。在文化市场迅速迭代的社会，该产业很容易被动摇，进而被市场所淘汰。

（三）机遇（O）

水族马尾绣是首批成功入选国家级非物质文化遗产保护名录的技艺，享有"刺绣中的活化石"的美称。地方政府出台了众多政策助力马尾绣产业的发展，在一定程度上为其发展提供了强有力的保障。如今，在追求精神消费的时代，旅游产业的兴起促进了马尾绣产业的壮大，使得这一传统手工艺品得以快速进入人们的日常生活中。随着旅游业的发展，马尾绣产业的知名度不断提高，社会上越来越多的目光被这独特的民族文化所吸引，社会关注度的持续提高。这也为推动这一民族文化产业的发展带来了新的机遇。同时，互联网等新媒体的广泛应用也为三都县马尾绣产业的发展带来了新的生机。如果三都县马尾绣产业能够充分认识到互联网媒体的优势所在，将能在未来的产业发展中取得更好的成果。因此，应该积极主动利用互联网媒体对马尾绣开展宣传营销，将可以在一定程度上打开马尾绣产业发展新局面。

（四）威胁（T）

现阶段，水族马尾绣的传承主体是当地的妇女，其年龄偏大，文化程度低，接受新鲜事物的能力弱，与现代技艺融合难度大。而且马尾绣产业从业人员收入并不乐观，再加上外面世界的诱惑，年轻人大多选择外出务工，年轻一代的绣娘非常少，这也使得马尾绣文化产业的传承后继无人。基于现代科技的快速发展，市场中比较常见的刺绣产品可以通过设备大批量生产，而马尾绣制作是一项烦琐复杂的手工艺活动，难以应用设备进行加工。在后续发展中，若马尾绣产业没有打造自身知名度及品牌，那么纯手工制作的生产方式难以与机械大批量生产方式相抗衡，从而导致马尾绣产业良性发展遭遇极大的现实冲击。

六、马尾绣产业发展对策研究

（一）培养传承主体

当前，首要任务是政府及企业应当制定相应的人才培养机制，在条件允许的情况下引进专业人才，在产品制作、外观设计、色彩及图案的搭配、销售等方面进行现场指导并做好人才保留工作。制定相关政策并对优秀人才给予一定特殊照顾，提高薪资待遇。其次，要重视对年轻一代传承力量的培养，现阶段绣娘年龄普遍偏高，形成了与现代生产相矛盾的局面，若不注入新生力量，会出现传承主体断层现象。然而，年轻绣娘的培养是一个任重道远的过程，根据实际情况可以从以下两点进行：一是强化马尾绣进入课堂的实践力度，由专业人员进行系统的授课教学，巩固教学成果，激发年轻人对于马尾绣的热情；二是积极与高校艺术研究院、民族文化机构、相关企业进行交流沟通，提高传承主体的创作水平，增加灵感来源。

（二）打造文化产品多样性

水族马尾绣产业应顺应时代发展潮流，产业应结合市场的现实需要，创造出符合大众审美的产品。在保留民族文化"原真"特质的情况下可以适当融入一些当代的文化元素，这样创作出来的产品既体现马尾绣的独特魅力，也彰显了现代的时尚风格，两种文化的交融，既吸引了马尾绣爱好者，也满足了现代的弄潮儿。这样既做到了马尾绣文化的传承，又促进其创新，使得马尾绣的产品变得多样化，为其产业的发展注入新的活力。

（三）强化品牌知名度及宣传力度

当今市场竞争激烈，企业想要在严峻的竞争环境中立于不败之地，就必须对产品进行强有力的包装，树立品牌形象、强化品牌意识、打造品牌效应。通过增强推广，宣传企业的发展理念，营造良好的企业形象与品牌形象，使得人们能够了解、信赖该企业。积极展开营销推广，从而提升客户对企业新产品的满意度。同时，考虑到企业的长期发展需要，宣传是必不可少的，充分利用人们经常使用的社交网络平台进行宣传，也可以借助政府平台资源通过电视、广播节目等途径宣传。这些都可以起到一定的传播效果。

（四）拓宽销售渠道

在互联网发达时代，参照随处可见的网上直播带货及挂网售卖的形式，拓宽营销渠道，可以采取线上与线下结合的销售模式。在线上销售的过程中，我们必须充分利用当今信息技术发达的优势，通过"互联网＋"的方式进行市场推广和销售。除了线上销售之外，我们还需要在线下设立门店进行市场推广和销售，还可以通过参加比赛或者展览活动等途径，扩大马尾绣进入市场的机会。

（五）扩大企业规模

当前马尾绣在营企业相当一部分都是小规模、小群体，很多为自产自营。政府、协会、绣娘、企业之间应该建立充分的沟通桥梁，努力推动相关企业合并等方式进行资源整合，通过合理地优化资源配置来扩大企业的经营规模，并积极进行市场调研来拓展信息获得途径，寻求适合马尾绣发展的途径，再拟定相关的分红政策，力往一处使，实现产业规模发展的目标。

七、结论与展望

本研究在充分参考及结合国内现有研究的基础上，通过问卷调查和SWOT分析方法，对三都水族马尾绣产业发展现状进行了调查，并对数据进行整理和分析，研究存在的问题并提出对策建议。

我们应该尊重、保护、继承和发扬少数民族的传统文化，在产业发展过程中应该充分考虑加入现代文化元素，使其在保留原始的民族文化内涵的同时又融入现代设计的审美，让民族文化的发展走出国门，使世人去接受和惊叹这彰显着古老与现代精湛工艺共融共生的、既冲突又和谐的审美意象，以一种尊重和自豪的方式追溯中国古老而迷人的东方历史花园。

八、参考文献

陈海燕，2022.三都县水族马尾绣发展方式的利弊及对策研究［J］.明日风尚，1：155-158.

冯耘，2012.非物质文化遗产的发展现状与异化趋势——以贵州三都县水族马尾绣为例［J］.大众文艺，17：208，231.

付贤丽，刘钰，张超，等，2017.水族马尾绣在大数据时代下的保护与传承［J］.艺术评鉴，23：35-37，46.

黄雪雯，卢蕊，郭英，等，2022.三都县水族马尾绣文化产业的发展现状及对策研究［J］.化纤与纺织技术，51（4）：10-12.

柯文晴，李奇菊，2016.水族马尾绣的美学特征在箱包设计中的应用［J］.艺术与设计（理论），2（8）：119-121.

马丽，冯果，2015.论水族刺绣元素在家居布艺产品设计中的应用［J］.美术教育研究，3：89-90.

潘祖畅，2016.浅析非遗背景下传统技艺的传承与发展——以三都水族马尾绣为例［J］.大众文艺，13：5.

孙向前，2020.新时代背景下民族文化传承与保护思考与对策——以广西民族文化发展为例［J］.新西部，Z7：93-95.

田佳丽，陆道鹏，廖林涛，等，2021.贵州水族马尾绣文化的传承和创新发展［J］.散文百家（理论），5：187-188.

韦仕祺，石兴安，2012.水族马尾绣的遗存、传承与时代性发展［J］.黔南民族师范学院学报，32（1）：60-62.

吴芳梅，2013.水族马尾绣工艺品生存与发展研究［D］.贵阳：贵州财经大学.

吴宗平，2015.民族文化产业视野下少数民族非遗文化的生产性保护——以水族马尾绣工艺为例［J］.商，50：126.

许笛，刘雯，2019.贵州民族特色产品的电子商务发展现状及其对策研究——以三都水族马尾绣为例［J］.现代营销（信息版），7：202.

曾莉娅，白银，岑静，2021.贵州省非物质文化遗产水族马尾绣文化品牌创业研究［J］.西部旅游，17：84-86.

张超，朱晓君，2014.水族马尾绣的开发与传承研究［J］.艺术探索，28（3）：60-62.

Li X. J. ，et al. ，2021. Adaptation in cultural industry under conservation pressure: case study of two Chinese embroidery clusters [J]. International Journal of Cultural Policy，26 (2) .

Xie S. S. ，Ko Hyunzin，2019. Investigation of the Four Chinese Embroidery Techniques : Focused on Xiang Embroidery [J]. Journal of the Korean Society of Costume，69 (4) .

第八章 L公司冷链物流的绩效评价研究

一、引言

(一) 研究背景

随着生活水平的提高和生活方式的不断转变，人们的食品安全意识和食品质量理念进一步提高，对冷藏冷冻食品的需求大幅增长，推动了我国食品冷链物流领域的发展。2012年国务院下发《关于支持农业产业化龙头企业发展的意见》，指出支持龙头企业改善农产品贮藏、加工、运输和配送等冷链设施，降低农产品物流成本；2012—2020年间，国家陆续出台相关的冷链产业规划和行业标准，大力扶持冷链企业发展，加强物流基础设施建设。L公司地处于具有四川、云南、贵州、广西"四省立交桥"之称的六盘水市。一系列国家政策支持、高速公路建设、村村通工程的全面落实，推动了六盘水市物流行业的发展。L公司作为六盘水市一家农产品销售龙头企业，由于产品存贮的独特性，需自建冷库以保存产品及保持食品的质量。由于我国冷链物流起步较晚，区域冷链物流发展的不均衡成为六盘水市冷链物流发展的瓶颈，L公司在此背景下也逐渐暴露出了很多问题。对L公司冷链物流进行绩效评价以加强企业适应能力，成为增强企业竞争优势的必要手段。

(二) 研究意义

1. 理论意义 我国冷链物流尚处于发展初期，由于目前冷链物流研究尚不成熟，在冷链物流绩效评价方面的研究相对较少。本章选用平衡记分卡模型来对该公司冷链物流进行绩效评价，将从财务、客户、内部运营、学习成长四个维度对L公司冷链物流建立指标评价模型。由于平衡记分卡采用多重指标、多维度来对公司进行绩效评价，以财务指标与非财务指标相结合的方式，能更加全面地反映出公司存在的问题。通过该方法研究公司的绩效评价，希望有助于完善冷链物流相关理论，为类似企业在冷链物流绩效评价方案方面提供参考。

2. 现实意义 通过此次研究，将能及时发现 L 公司在冷链物流发展过程中的缺陷与不足，能找出关键短板，为 L 公司提出有针对性的建议及解决措施，改善公司现有管理理念，提升管理水平、增强企业竞争力，完善 L 公司冷链物流现有体系，保障公司持续健康发展。

（三）国内外研究现状

1. 国外研究现状 Albert、Ruddich 早在 19 世纪末便提出了冷链概念。20 世纪 30 年代，欧洲和美国已经初步建立食品冷链体系。目前，美国、加拿大、德国、意大利、澳大利亚、日本、韩国等发达国家已经形成了完整的冷链物流体系，易腐食品物流过程的冷藏率达 100%，冷藏食品的销售量占食品销售总量的 50%，并呈现继续增长的趋势。发达国家将产后贮藏加工保鲜放在农业的首要位置，且制定有国家或行业标准，重视冷链物流技术的研究与运用。如美国用于农业加工保鲜的投入占比为 70%，美国的蔬菜低温物流更为典型，产品从产地到消费者手中一直处于低温状态，在流通环节的损失率仅 1%~2%。在冷链物流的执行标准方面，加拿大目前有机认证的农场有 2 500 个，不仅对农药残留量进行检查，对工作温度、肉制品配方和容器包装都做出了严格的规定；有机食品、HACCP（食品危害分析与关键控制点管理体系认证）、ISO（国际标准化）等认证保障了加拿大冷链物流的健康发展。

Thakur 等（2015）认为温度监控是冷链管理中最关键的要求，对基于 EPCIS 的在线时间-温度监控系统的功能进行了初步测试，并对冷鲜肉连锁店的可追溯性进行了记录。研究表明，利用该监控系统可以缓解由于温度变化导致的质量恶化，从而减少大量损失，优化了整个食品供应链的性能。Defraeye 等（2019）以机械建模为基础，提出数字水果孪生模型，并以芒果为例进行研究。该模型可以测量芒果附近的空气温度，借此改善冷链物流中的货物损失。在冷链物流绩效评价方面，Vijay 等（2017）使用 AHP（层次分析法）对农产品冷链物流管理实施过程中的各种绩效指标和因子进行排序和敏感性分析，发现内部环境管理、环境设计、监管压力三大绩效指标有助于企业的运营管理。Hamdan、Rogers（2007）利用数据包络法（DEA）评估冷链物流运作效率，并对 DEA 模型进行了改进。

2. 国内研究现状 我国冷链物流起步较晚。20 世纪 50 年代，由于肉食外贸出口改装了一部分保温车辆，由此标志着我国冷链物流的产生。1982 年颁布的《中华人民共和国食品卫生法》推动了我国食品冷链的起步。目前，我国的冷链物流仍处在发展初期，国内标准化管控较松，冷链技术及设备仍落后于发达国家，国内的研究方向仍关注企业管理、路径优化、网络布局。

国内学者对于企业绩效评价的研究甚少，也没有形成统一的标准，仍在借鉴前人的基础上不断完善和改进。樊雪梅（2021）重新定义生鲜农产品物流系统绩效评价。李伟彬等（2014）从投入与产出指标及环境变量出发，利用模糊综合评价法赋予权重的 DEA 模型对冷链物流企业绩效做出评价。邓延伟（2013）运用 SCOR 模型，建立起包括客户导向，企业内部导向，政府、社会导向和供应链导向等方面的绩效评价体系。闫静、陈丽玉（2019）构建了包含四个一级指标的冷链物流绩效评价体系，并结合粗糙集属性约简理论和 Skowron 区分矩阵算法，以某冷链物流企业为例，降低冷链物流绩效评价的复杂程度与工作量。荀骁（2016）以冷链企业为例，从财务、客户、内部运营、发展潜力方面建立冷链物流绩效评价体系，评价结果表明该企业冷链物流运营绩效水平为一般。魏亚飞（2012）以财务、客户、内部运营、发展潜力、协调层面构建绩效评价指标，利用 AHP 及模糊综合分析法验证了该指标的可行性。简双（2018）根据服务质量感知模型，从消费者角度构建了冷链物流绩效评价指标，运用 AHP-熵权分析法赋予指标权重，为生鲜冷链电商物流运营水平提供了评价依据。

3. 国内外研究综述总结　20 世纪 30 年代，国外冷链物流体系已初步建立，50 年代，国内冷链物流才刚刚萌芽。国外冷链物流体系研究已相对成熟，关注点多为冷链物流运作过程中货物的安全保证以及技术的应用与改进，并已将冷链物流作为一个独立的行业进行研究。国内目前仍将冷链物流作为物流的延伸进行研究与规划，缺乏相对系统的研究及统一的执行标准。冷链物流作为一项普及大众的服务工作，将逐渐涉及人们生产、生活的方方面面，需加大对冷链物流的研究投入，设计与研发先进的冷链物流技术，促进构建并完善我国冷链物流体系。

（四）研究内容及方法

1. 研究内容　本章对 L 公司的冷链物流进行绩效评价，并对评价结果进行分析。通过对我国现有农产品冷链物流相关文献的查阅，结合理论寻找适合于 L 公司的冷链物流绩效评价指标，建立绩效评价体系，为 L 公司的冷链物流的评价提供有效依据，并根据评价结果对 L 公司冷链物流存在的关键问题提供有针对性的对策和解决措施，提升 L 公司的企业竞争力。

2. 研究方法

（1）文献研究法　对国内外冷链物流和绩效评价的相关文献进行查阅和分析，借鉴现有研究成果，为此次研究提供思路导向及理论基础。

（2）序关系分析法、云模型　建立适合于 L 公司的冷链物流绩效评价指标体系，利用序关系分析法对指标权重进行赋值，云模型理论将指标数据进行云模型表示。层次分析法和模糊综合评价法虽然被广泛使用且易于操作，但定性色彩较多，当指标较多时，计算复杂程度也会大大提高；而序关系分析法计算简便，实际操作可行性高。云模型能够将专家的打分通过逆向云发生器进行云模型表述，不仅可以降低个人评价主观性，提高定性评价的准确性，而且使评价结果更为直观。

（3）问卷调查法　问卷为统计和调查所用的、以设问的方式表述问题的表格。

（4）实地调研法　通过访谈公司的管理者，与员工日常交流及实地参观，了解并获取研究所需的公司冷链物流的发展相关数据。

二、理论概念

（一）冷链物流

冷链物流一般指冷藏冷冻类食品在生产、贮藏运输、销售，到消费前的各个环节中始终处于规定的温度环境下，以保证食品质量，减少食品损耗的一项系统工程。它是随着科学技术的进步、制冷技术的发展而建立起来的，是以冷冻工艺学为基础、以制冷技术为手段的低温物流过程。从冷链物流产业链上下游来看，上游包括冷库、冷藏车和冷机等设备制造企业以及制冷剂等原料生产企业；中游包括运输型（包括干线运输和配送）、仓储型、综合物流以及其他参与冷链物流业务的企业；下游应用包括医药（疫苗、生物制品、血液制品等）企业、冷饮企业、乳制品企业、生鲜农产品生产企业等。

据中国物流与采购联合会冷链物流专业委员会测算分析，我国冷链物流需求量逐年上升，在冷链物流服务行业中，食品占比高达90％，在2019年的数据中显示水果、蔬菜、肉类与水产品总和占比竟高达88％，可见冷链物流技术成为人们在追求高质量食品的道路上保驾护航的利器。冷链物流的适用范围包括蔬菜、水果、肉、蛋、奶、水产品、花卉产品、加工食品以及药品等。随着我国冷链物流市场规模的不断攀升，冷链物流的建立和完善成为低温肉制品发展的重要保障；同时，冷链物流的快速发展也有利于低温肉制品销售渠道的延伸和下沉。

（二）平衡记分卡

BSC即平衡计分卡（Balanced Score Card），是常见的绩效考核方式之一，平衡计分卡是从财务维度、客户维度、内部运营维度以及学习与成长四个维度，将组织战略落实为可操作的量化指标和目标值的一种新型绩效管理体系（图8-1）。设计平衡记分卡以建立"实现战略指导"的绩效管理体系，从而保证企业战略得到有效实施。该方法有利于提高企业的管理效率，强调的是企业员工之间的通力协作，给予员工为企业奉献的动力，且能有效为企业管理者提供信息。

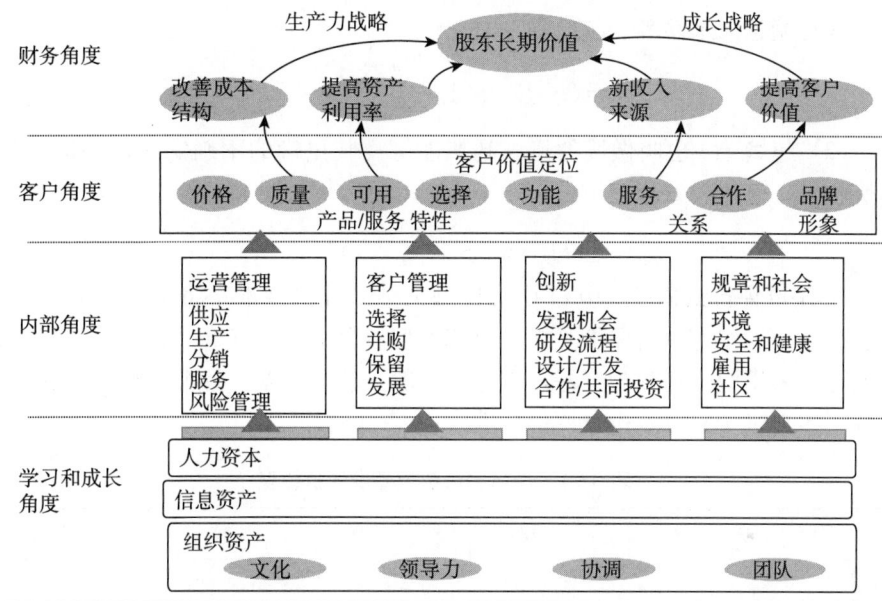

图 8-1 平衡记分卡框架

（三）云模型

1. 云模型的基本理论 1993 年，李德毅院士首次在《隶属云和语言原子模型》中提到云的概念，以此为基础建立了使用语言值来表示某个定性概念与其定量值之间不确定性的转换模型，以反映自然世界中事物或者人类知识概念的不确定性（模糊性随机性）。这不仅从随机理论和模糊集合理论中得出解释，而且也反映了模糊性与随机性之间的关联性，构成了定量与定性之间的映射。

设 U 是一个包含精确数值的定量论域，C 表示 U 的定性概念，如果定量值 $x \in U$，并且 x 是通过定性概念 C 的一次随机实现，x 对于定性概念 C 的确定度 $\beta(x)$（$\beta(x) \in [0, 1]$）是有稳定倾向的随机数。那么，称在定量论域 U 上的分布为云，其中每一个 x 就称为一个云滴。

2. 云模型的数字特征 云模型的三个数字特征可以用来反映云模型所表达概念的整体特性，即期望 Ex、熵 En、超熵 He，记作（Ex，En，He）。

（1）期望 Ex 表示云滴在论域空间分布的期望水平，它是论域空间中的中心点，是描述定性概念中贡献最多的点：

$$Ex = \overline{X} = 1/n \sum_{i=1}^{n} x_i$$

（2）熵 En 表示云模型中云滴的离散程度，也就是定性概念中的不确定性，并且熵越大定性概念越模糊：

$$En = (\pi/2)^{\frac{1}{2}} \times 1/n \sum_{i=1}^{n} |x_i - Ex|$$

（3）超熵 He 也叫做熵的熵。超熵能够反映出熵的不确定性，一般来说，超熵越大，整体云就越稳定：

$$He = (|S^2 - En^2|)^{\frac{1}{2}}$$

3. 基准评价云模型　基准评价模型为绩效评价标准，将论域 [0，1] 的中心点 0.500 作为中间评价等级，取其模型参数 $Ex = 0.500$、$He = 0.005$。则基准评价云模型可划分为 ｛好，较好，一般，较差，差｝ 五个等级，并利用黄金分割率来对 [0，1] 构建评价标准（表 8-1）。

表 8-1　冷链物流绩效基准评价模型

特征	差	较差	一般	较好	好
Ex	0	0.309	0.500	0.691	1
En	0.103	0.064	0.039	0.064	0.103
He	0.013	0.008	0.005	0.008	0.013

（四）序关系分析法

序关系分析法是郭亚军（2005）提出的一种简单实用的赋权方法。序关系分析法的过程如下：

（1）假设指标集 X 为 ｛X_1，X_2，…，X_n｝，专家或者决策者在指标集中选取认为最为重要的指标；

（2）由专家或决策者在剩下的 $n-1$ 个指标中选出认为最重要指标 X_1，我们认为指标 X_1 的重要程度不低于指标 X_2，即指标 X_1 的序关系优于指标 X_2，记为 $X_1 > X_2$；

（3）再经过 $n-1$ 次筛选后，得出各个指标的一个重要度排序，记为 ｛X_i^*｝，$i \in$ ｛1，2，3…，n｝；

（4）确定指标重要性程度之比。例如，指标 X_1^* 与指标 X_2^* 的重要性之比是 $\lambda_1/\lambda_2 = \beta_2$，$\beta$ 的赋值采用指数标度（表 8-2）；

表 8 - 2　指数标度

指数标度 β	重要性程度
1	指标 1 和指标 2 同等重要
1.2	指标 1 比指标 2 稍微重要
1.4	指标 1 比指标 2 重要
1.6	指标 1 比指标 2 明显重要
1.8	指标 1 比指标 2 特别重要

（5）确定全部指数标度后，计算各指标权重：

$$\lambda_k = (1 + \sum_{k=2}^{n} \prod_{i=2}^{n} \beta_i)^{-1}$$

$$\lambda_{k-1} = \beta_k \lambda_k (k = n, \ n-1, \ \cdots, \ 2)$$

三、 L 公司冷链物流运营现状

（一）公司简介

L 企业成立于 2012 年，是 A 企业旗下的子公司，注册资金 1 200 万元，企业位于贵州省六盘水市盘州市石家庄，是盘州市盘县火腿生产省级龙头企业，年产火腿约 390 吨，拥有贵州省首家"盘县火腿"非遗博物馆。企业占地面积 4 300 米²，厂房车间占地面积 2 800 余米²，分类晾挂车间、流水生产车间一应俱全，冷库、展示厅、化验室、材料室等配套设施完善。L 企业在基础设施、生产规模和综合效益等方面，在盘州市众多火腿企业中具有较强的代表性，2016 年至今共申报专利 32 件，授权并运用于生产的实用新型专利 6 件、外观专利 12 件。2019 年企业法人代表获得"盘县火腿"县级非遗传承人称号。"盘县火腿"是中国第三个获得国家地理标志保护产品的火腿。

（二）公司冷链物流运营主要业务

L 公司主营业务为盘县火腿的生产及销售，在火腿生产环节与冷链物流息息相关，因此，本章主要针对盘县火腿在生产环节及产品保存过程中的冷链物流业务流程进行研究探索。图 8 - 2 为火腿的生产工艺流程。

公司现有 4 个冷冻库，占地面积 100 米²，可控温度范围 -18～0℃（图 8 - 3）；2 个冷藏库，占地面积 400 米²，可控温度范围 0～5℃（图 8 - 4）。在整个火腿生产的工艺流程中，从鲜腿收购到堆码翻压均要求严格把控工作环境温度。

```
┌─────────────────────┐     ┌──────────┐     ┌──────────┐     ┌─────────────────────┐
│ 按照GB 9959.1（鲜、冻 │ ──→ │   解冻    │ ──→ │ 修割定型  │ ──→ │        腌制          │
│ 猪肉及猪副产品  第1   │     └──────────┘     └──────────┘     │ 上盐总量为腿重的8%   │
│ 部分：片猪肉标准验收  │                                        │ 腌制温度2~5℃        │
└─────────────────────┘                                        └─────────────────────┘
                                                                          │
                        ┌─────────────────────┐                          ↓
                        │        发酵          │              ┌─────────────────────┐
┌──────────┐            │  月均温度控制        │              │      堆码翻压        │
│ 检验入库  │            │  在13~16℃           │              │  温度：0~6℃         │
└──────────┘            │  月均相对湿度控制    │              │ 相对湿度：75%~85%   │
     ↑                  │  在72%~80%          │              └─────────────────────┘
     │                  │  发酵时间：1年       │                          │
                        └─────────────────────┘                          ↓
┌──────────┐  ┌──────────┐           ┌──────────┐     ┌──────────┐
│   包装    │←─│   整形    │←─────────│ 上挂风干  │←────│ 清洗整形  │
└──────────┘  └──────────┘           └──────────┘     └──────────┘
```

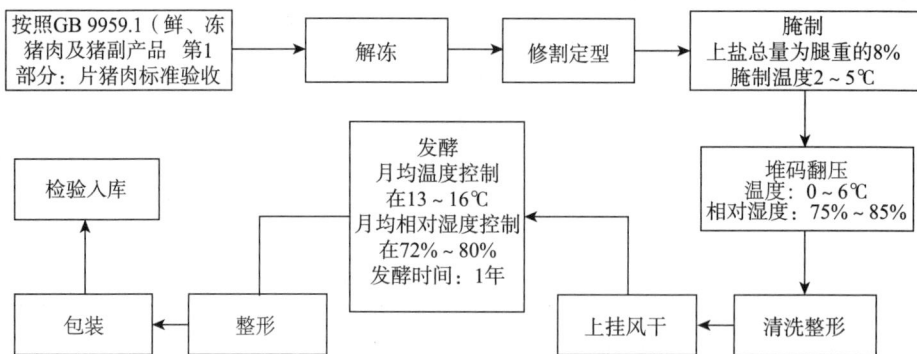

图 8-2 火腿生产工艺流程

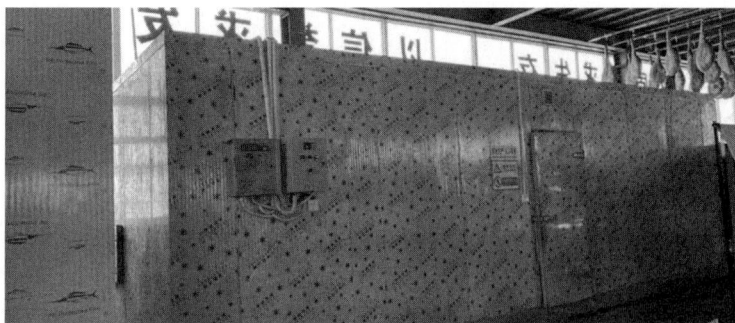

图 8-3 L企业冷冻库

图 8-4 L企业冷藏库

1. 鲜腿收购　由于 L 公司并没有自己的火腿原料基地，其原料来源呈多样化。采购部门从大型专业养殖户、生猪屠宰场、个体养殖户、农贸市场等采购鲜腿。刚屠宰完的生猪，腿部温度较高，需先将鲜腿进行冷冻，使腿心温度降到 2℃才能进行腌制。将鲜腿从屠宰场运送到工厂的过程将使用冷藏车进行冷藏运输，以确保腿质的新鲜。

2. 腌制　修割定型及腌制均在冷藏库中进行。

3. 堆码翻压　将上盐后的腌腿置于腌制发酵库内，库内温度始终保持在 0～6℃，相对湿度保持在 75％～85％。堆码 8 层，堆码翻压要反复进行三次，总共堆码腌制 18 天（图 8-5）。

图 8-5　堆码翻压

四、评价体系构建

(一) L 公司绩效评价现状

目前，L 公司并未建立任何冷链物流相关的绩效评价体系，公司的整体绩效评价也比较传统，仍采用单一的财务指标为基础的业绩评价模式。随着近年来公司业务的扩展，以财务指标为基础的绩效评价模式渐渐暴露出诸多问题，局限性也越来越明显，难以反映出公司的整体发展现状及各业务环节之间的问题。

L 公司的绩效评价指标与公司的企业战略存在间隙，并未实现将绩效评价与公司发展战略相结合。虽对员工工作态度及工作完成情况进行打分，但打分机制并没有一个严格的标准，由人事部门完成打分工作，企业员工并未参与其中。绩效考核结果不予公示，导致多数员工不了解这项绩效考核的存在，难以激发员工的工作积极性。因此，更专业化、精细化的绩效考核管理，对反映员工的工作贡献将起到重要作用。

（二）绩效评价指标的选取

1. 一级指标 本章引入平衡记分卡绩效评价方法，是以 L 公司冷链物流的发展战略为导向的评价方法。本章将以它的四个层面作为一级指标，即财务、客户、内部流程、学习与成长。这四个方面包含了领先指标和滞后指标。财务指标就是一个滞后指标，财务指标只能反映公司上一年度发生的情况，无法让企业做到改善业绩和可持续发展。财务指标加上对后三项领先指标的关注，可实现指标之间的平衡。

2. 二级指标

（1）财务维度 火腿产业财务业绩指标能够反映出销售火腿所获得的资金、耗费成本以及财务分配等活动，同时也能够反映出产业发展战略的执行对产业链盈利的改进程度。本章选用总资产报酬率、净资产收益率等四个二级指标。

（2）顾客维度 在平衡计分卡的客户层面，管理者确立了其业务单位将竞争的客户和市场，以及业务单位在这些目标客户和市场中的衡量指标。某种层面上，生产者与消费者之间处于合作共赢的状态，当且仅当满足了消费者的需求，方可能够扩大企业盈利规模。客户层面使业务单位的管理者能够阐明客户和市场战略，从而创造出出色的财务回报。本章选取顾客满意度、顾客回头率、顾客投诉解决及时性作为一级顾客指标下的二级指标。

（3）内部经营流程维度 在这一层面上，管理者要确认组织擅长的关键内部流程，这些流程帮助业务单位提供价值主张，以吸引和留住目标细分市场的客户，并满足股东对卓越财务回报的期望。本章选取配送准时率、售后服务、盘点及时率、冷库利用率、单位运输成本、信息化水平、信息传递准确率作为一级内部经营流程维度下的二级指标。

（4）学习与成长维度 它确立了企业要创造长期的成长和改善就必须建立的基础框架，确立了未来成功的关键因素。平衡计分卡的前三个层面一般会揭示企业的实际能力与实现突破性业绩所必需的能力之间的差距，企业需投资于员工技术的再造、组织程序和日常工作的理顺，以弥补这个差距。这些都是平衡计分卡学习与成长层面追求的目标。本章选取员工满意度、员工保持率、员工培训率作为一级学习与成长指标下的二级指标（表 8-3）。

表 8-3 L 公司冷链物流绩效评价指标

一级指标	二级指标	定性/定量
财务绩效	总资产报酬率	定量（息税前利润/平均资产总额）
	净资产收益率	定量（净利润/平均资产）
	存货周转率	定量（主营业务成本/存货平均余额）
	资产负债率	定量（负债总额/资产总额）
顾客绩效	顾客满意度	定量（抽样顾客满意数/抽样总数）
	顾客回头率	定量（再购买顾客数/顾客总数）
	顾客投诉解决及时性	定性
内部管理流程绩效	配送准时率	定量（准时送达订单数/总订单数）
	售后服务	定性
	盘点及时率	定量（准时盘点次数/总盘点次数）
	冷库利用率	定量（全月冷冻货物累积量/全月贮藏天数）
	单位运输成本	定量（总运输量/总运输成本）
	信息化水平	定性
	信息传递准确性	定性
学习与成长绩效	员工满意度	定性
	员工保持率	定量（年末在职员工人数/年初员工人数）
	员工培训率	定量（每年参加培训员工人数/员工总数）

（三）指标权重的确定

1. 一级指标权重 一级指标包括财务绩效、顾客绩效、内部管理流程管理绩效、学习与成长绩效四个方面，由 5 位专家对四个指标进行重要度打分，打分标准为 1～5 分，从 1 到 5 表示重要度的依次递升，打分结果见表 8-4。

表 8-4 一级指标重要性专家打分结果（分）

专家	财务绩效	顾客绩效	内部管理流程绩效	学习与成长绩效
A	5	3	4	4
B	5	5	5	4
C	5	4	4	3
D	4	4	4	4
E	5	4	4	4
总分	24	20	21	19

由打分结果可得，财务绩效 24 分＞内部管理绩效 21 分＞顾客绩效 20 分＞学习与成长绩效 19 分，排序结果如下：财务＞内部流程管理＞顾客＞学习与成长，将该排序设为 $X_1＞X_2＞X_3＞X_4$。由序关系分析法可得，计算步骤如下：

指标之间重要性之比：

$$\lambda_1/\lambda_2＝\beta_2＝1.4$$
$$\lambda_2/\lambda_3＝\beta_3＝1.2$$
$$\lambda_3/\lambda_4＝\beta_4＝1.2$$

根据上式可得（以下计算均保留三位小数）：

$$\beta_2×\beta_3×\beta_4＝2.016$$
$$\beta_3×\beta_4＝1.440$$
$$\beta_4＝1.200$$

根据上式可得：

$$\lambda_4＝(1+2.016+1.440+1.200)^{-1}＝0.177$$
$$\lambda_3＝\beta_4×\lambda_4＝1.200×0.177＝0.212$$
$$\lambda_2＝\beta_3×\lambda_3＝1.200×0.212＝0.254$$
$$\lambda_1＝\beta_2×\lambda_2＝1.400×0.254＝0.356$$

一级指标权重见表 8-5。

表 8-5　一级指标权重

一级指标	财务	内部流程	顾客	学习与成长
权重	0.356	0.254	0.212	0.177

2. 二级指标权重　二级指标权重的计算步骤同一级指标权重相同，二级指标权重计算结果如表 8-6 所示。

表 8-6　二级指标权重

二级指标	权重
总资产报酬率	0.293
资产负债率	0.293
净资产收益率	0.244
存货周转率	0.174
单位运输成本	0.245
配送准时率	0.175
售后服务	0.175

二级指标	权重
冷库利用率	0.125
盘点及时率	0.104
信息化水平	0.087
信息传递准确性	0.087
顾客满意度	0.434
顾客回头率	0.310
顾客投诉解决及时性	0.258
员工满意度	0.412
员工保持率	0.294
员工培训率	0.294

五、基于云模型 L 公司冷链物流绩效评价的表示

（一）定性指标云模型

确定定性指标评分标准，对每个定性指标进行最大值、最小值打分（表 8 - 7）。

表 8 - 7 定性指标评分标准

评价等级	好	较好	一般	较差	差
评分区间	80～100 （含 100 分）	60～80 （含 80 分）	40～60 （含 60 分）	20～40 （含 40 分）	0～20 （含 20 分）

根据定性指标评分标准，对熟悉 L 公司冷链物流运营现状的专业人员以及从事冷链物流相关研究工作的专家发放 5 份调查问卷，对 L 公司冷链物流绩效评价的顾客投诉解决及时性、售后服务、信息化水平、信息传递准确性、员工满意度 5 个定性指标进行打分。为便于计算，将打分结果统一到论域 [0，1]，结果如表 8 - 8 所示。

表 8 - 8 定性指标评分结果

客户投诉解决及时性		售后服务		信息化水平		信息传递准确性		员工满意度	
最小值	最大值	最小值	最大值	最小值	最大值	最小值	最大值	最小值	最大值
0.75	0.85	0.86	0.90	0.65	0.80	0.70	0.87	0.65	0.80
0.87	0.90	0.74	0.89	0.66	0.78	0.75	0.84	0.70	0.88

客户投诉解决及时性		售后服务		信息化水平		信息传递准确性		员工满意度	
最小值	最大值	最小值	最大值	最小值	最大值	最小值	最大值	最小值	最大值
0.87	0.94	0.80	0.93	0.76	0.87	0.77	0.86	0.74	0.89
0.73	0.87	0.87	0.90	0.80	0.90	0.73	0.84	0.64	0.80
0.76	0.87	0.69	0.86	0.77	0.86	0.68	0.79	0.72	0.86

以售后服务为例，计算二级指标最大云模型：

由期望 Ex 公式得

$$Ex = (0.90+0.89+0.93+0.90+0.86) \times \frac{1}{5} = 0.896$$

计算方差：

$$S^2 = \frac{(0.896-0.90)^2 + (0.896-0.89)^2 + (0.896-0.93)^2 + (0.896-0.90)^2 + (0.896-0.86)^2}{5}$$

$$= 0.000504$$

由熵 En 公式得：

$$En = \sqrt{\frac{\pi}{2}} \times \frac{|0.90-0.896| + |0.89-0.896| + |0.93-0.896| + |0.90-0.896| + |0.86-0.896|}{5}$$

$$= 0.021$$

由超熵 He 公式得：

$$He = \sqrt{|S^2 - En^2|} = \sqrt{0.000504 - 0.021^2} = 0.008$$

由此可得售后服务指标最大云模型为（0.896，0.021，0.008），最小云模型为（0.792，0.077，0.034）。同理可得出其余定性指标最大、最小云模型（表8-9）。

表8-9　定性最大、最小云模型

定性指标	最大云模型	最小云模型
顾客投诉解决及时性	（0.886，0.034，0.013）	（0.796，0.074，0.042）
售后服务	（0.896，0.021，0.008）	（0.792，0.077，0.034）
信息化水平	（0.842，0.052，0.027）	（0.728，0.073，0.040）
信息传达准确性	（0.840，0.025，0.011）	（0.726，0.036，0.015）
员工满意度	（0.846，0.046，0.025）	（0.690，0.045，0.023）

计算定性指标的综合云模型，以售后服务为例（表8-10）：

$$Ex = \frac{0.896 \times 0.021 + 0.792 \times 0.077}{0.021 + 0.077} = 0.814$$

$$En = 0.021 + 0.077 = 0.098$$

$$He = \frac{0.008 \times 0.021 + 0.034 \times 0.077}{0.021 + 0.077} = 0.029$$

表 8-10　定性指标综合云模型

定性指标	综合云模型
顾客投诉解决及时性	(0.824, 0.108, 0.033)
售后服务	(0.814, 0.098, 0.029)
信息化水平	(0.775, 0.125, 0.035)
信息传达准确性	(0.773, 0.061, 0.014)

(二) 定量指标云模型

根据企业绩效评价标准值及相关文献资料，整理出各定量指标的合理范围 $[a, b]$（表 8-11）：

表 8-11　定量指标合理范围

定量指标	合理范围
总资产报酬率	2%~30%
净资产收益率	2%~30%
资产负债率	40%~70%
存货周转率	5%~100%
盘点及时率	70%~100%
冷库利用率	70%~100%
单位运输成本	0~300 元/千米
配送准时率	70%~100%
顾客满意度	70%~100%
顾客回头率	70%~100%
员工保持率	70%~100%
员工培训率	20%~100%

根据 L 汇总提供的定量指标数据，进行定量指标得分计算。若指标实际值 $X \in [a, b]$，则指标评分公式为：$\alpha \times \dfrac{(x-a)}{(b-a)} + \alpha$，$\alpha$ 为标准分，此处 α 取 0.5；若指标实际值大于 b 则指标得分为 1，指标实际值小于 a 则指标得分为 0。通过计算得出各定量指标得分，如表 8-12 所示：

表 8-12　定量指标得分

指标	得分					指标	得分				
总资产报酬率	0.507	0.546	0.559	0.561	0.551	盘点及时率	0	0.502	0.557	0	0.670
净资产收益率	0.516	0.507	0.527	0.514	0.505	冷库利用率	0	0	0.512	0.745	0
资产负债率	0.632	0.788	0.951	0.803	0.957	单位运输成本	0.858	0.81	0.817	0	0.990
存货周转率	0.542	0.516	0.605	0.558	0.537	顾客满意度	0.825	0.838	0.657	0.927	0.945
配送准时率	0.825	0.875	0.623	0.795	0.789	顾客回头率	0.76	0.953	0.792	0.632	0.823
员工培训率	0.503	0	0.57	0	0.501	员工保持率	0	0	0	0.595	0.557

根据定量指标评分结果，计算各定量指标云模型。本章参考国内外学者对定量指标云模型的研究发现，由于定量指标偏差较小，取 En 值为 0.05，He 的值为 0.001，只需求出各定量指标的评分均值即能得出定量指标云模型。结果如表 8-13 所示。

表 8-13　定量指标云模型

定量指标	云模型
总资本报酬率	(0.528，0.05，0.001)
净资产收益率	(0.514，0.05，0.001)
资产负债率	(0.819，0.05，0.001)
存货周转率	(0.552，0.05，0.001)
配送准时率	(0.783，0.05，0.001)
盘点及时率	(0.346，0.05，0.001)
冷库利用率	(0.251，0.05，0.001)
单位运输成本	(0.695，0.05，0.001)
顾客满意度	(0.838，0.05，0.001)
顾客回头率	(0.720，0.05，0.001)
员工保持率	(0.230，0.05，0.001)
员工培训率	(0.315，0.05，0.001)

(三) 一级指标云模型

将二级指标整合为一级指标云模型，以一级指标财务绩效为例，计算步骤如下：

$Ex = 0.293 \times 0.528 + 0.244 \times 0.514 + 0.293 \times 0.819 + 0.174 \times 0.552 = 0.616$；

$En \ (0.293 \times 0.05^2 + 0.244 \times 0.05^2 + 0.293 \times 0.05^2 + 0.174 \times 0.05^2)^{1/2} = 0.050$；

$He = 0.293 \times 0.001 + 0.244 \times 0.001 + 0.293 \times 0.001 + 0.174 \times 0.001 = 0.001\ 0$；

财务绩效云模型为 (0.616, 0.050, 0.001 0)，其余一级指标绩效计算步骤同上，最终一级指标云模型如表 8 - 14 所示。

表 8 - 14 一级指标云模型

一级指标	云模型	权重
财务绩效	(0.616, 0.050, 0.001 0)	0.356
内部管理流程绩效	(0.652, 0.393, 0.000 9)	0.254
顾客绩效	(0.781, 0.070, 0.001 1)	0.212
学习与成长绩效	(0.477, 0.079, 0.038 2)	0.177

(四) L公司冷链物流绩效评价

在 L 企业的产业绩效评价云模型中，财务绩效云模型为 (0.616, 0.05, 0.001)，$Ex = 0.616$，对比基准评价云模型，属于 [0.5, 0.69] 区间范围内，介于一般与较好之间，可见 L 企业财务绩效水平较高。从二级指标中可看出净资产收益率更加倾向于一般水平，资产运营效率低，财务收益不显著，且 L 企业并未设立专门的财务部门，存在赊账现象，对于部分应收账款回收不及时，从而对火腿冷链物流运营上造成压力。

内部管理流程绩效云模型为 (0.652, 0.393, 0.000 9)，$Ex = 0.652$，属于基准评价云模型 [0.5, 0.69] 区间范围内，介于一般于较好之间，更加趋近于较好。但由于在盘点及时率云模型 (0.346, 0.05, 0.001)、冷库利用率云模型 (0.251, 0.05, 0.001) 中，Ex 均属于 [0, 0.5]，可见冷库利用率及盘点及时率是 L 企业在内部管理流程上最突出的问题。

顾客绩效云模型为 (0.781, 0.070, 0.001 1)，在基准评价云模型中属于 [0.691, 1] 这一区间范围，介于较好与好之间。顾客绩效指标下的 3 个二级指标评价均为较好以上，L 企业在顾客维护与定位上较为清晰。

学习与成长绩效云模型为 (0.477, 0.079, 0.038 2)，在基准评价云模型中属于 [0.309, 0.5] 区间范围内，介于较差与一般之间。在学习与成长绩效下的 3 个二级指标中，除了员工满意度达到较好外，员工保持率与员工培训率评价均属于较差这一范围，L企业对学习与成长维度的重视度较低，这也是员工整体专业技能水平较低的原因所在（表8-15）。

表8-15　L公司冷链物流绩效评价等级

一级指标	评价等级	二级指标	评价等级
财务绩效	较好	总资产报酬率	一般
		净资产收益率	一般
		资产负债率	较好
		存货周转率	一般
顾客绩效	较好	顾客满意度	较好
		顾客回头率	较好
		顾客投诉解决及时性	较好
		配送准时率	较好
		售后服务	较好
内部管理流程绩效	较好	盘点及时率	较差
		冷库利用率	较差
		单位运输成本	较好
		信息化水平	较好
		信息传递准确性	较好
学习与成长绩效	较差	员工满意度	较好
		员工保持率	较差
		员工培训率	较差

六、基于绩效评价结果的实施建议

（一）制定赊账风险的防范与管理制度

由于公司缺乏风险意识，不惜铤而走险运用赊账经营模式，而忽略了赊账钱款回流问题。因此，公司应确立科学的信用合作标准，通过信用标准筛选出可信赖的合作对象，分析对方的历史背景、交易案例，避免盲目合作造成损失，降低赊账风险。

（二）加强冷链设备及人才引进

L公司自身的产品特性便是需要极高的运输、生产、存贮条件，每一个环节都需要严格控温、控湿，这便是对冷链物流环节提出的要求，也是对L公司工作人员提出的挑战，加大对人才的引进力度，企业急需注入新鲜的活力。

对硬件设施的完善将有利于提高冷链物流的运输效率。专业冷链技术人员对冷链设施设备的专业运用也将大大提升工作效率及冷库的利用率。

（三）完善薪酬管理制度

员工保持率较差是公司自身的吸引力不够所导致的，无论是激励制度还是个人绩效考评都应让员工真真切切参与其中，将个人的考核结果与奖励体系结合起来，透明公开，增强个人荣辱感。这样才能发挥制度优势，促进企业的管理运营。

（四）加强员工专业技能的培训

现代化进程的推进、企业的竞争，实则是人才的竞争，而人才的竞争很大程度上有赖于企业人力资源的开发。目前，L公司的管理层中，专科学历占比高达90%，本科学历仅占10%，公司亟需注入新鲜的活力。基层员工素质参差不齐，年龄偏大，对于新事物接受较慢、学习能力较差，仅能从事重复性强、专业性低的工作，在一定程度上影响了工作效率。

L公司在学习与成长绩效层面评分较差，这就迫切需要加强职工技能培训，提高职工技能和知识水平，开发职工智慧潜能，激发职工创新欲望，增强职工市场竞争力，提升企业劳动绩效，实现企业又好又快发展。企业员工培训，作为直接提高经营管理者能力水平和员工技能，为企业提供新的工作思路、专业知识、信息、技能，增长员工才干和敬业、创新精神的根本途径和极好方式，是最为重要的人力资源开发，是比物质资本投资更重要的人力资本投资。

七、参考文献

曹影，2011. 基于 AHP 的食品冷链物流评价体系研究 [J]. 物流工程管理，33（7）：6-7.

邓延伟，邬文兵，许金立，等，2013. 水产品冷链物流绩效评价指标体系研究 [J]. 管理现代化，5：85-87.

杜湘瑜，全军，黄柯棣，等，2008. 基于云模型的定性定量转换方法及其应用 [J]. 系统工程与子技术，21（4）：772-776.

樊雪梅，李佳媛，2012. 第三方物流客户关系管理战略构成与实施研究 [J]. 经济研究导刊，11：167-168.

简双，2018. 冷链物流的客户服务绩效评价研究 [J]. 中国储运，10：133-136.

金文雯，2016. 基于云模型的我国锅炉制造企业精益物流管理评价研究［D］. 哈尔滨：东北林业大学.

李伟彬，李冰，谢亚雄，2014. 基于绿色供应链的冷链物流企业绩效评价研究［J］. 物流工程与管理，10：83-86.

吕青青，2019. 农产品冷链物流企业绩效提升策略研究［D］. 上海：上海工程技术大学.

沙颖，钟伟，2015. 物流学［M］. 北京：清华大学出版社.

王家煜，2020. A公司冷链物流运营绩效评价研究［D］. 济南：山东财经大学.

王学军，郭亚军，2005. 标度选择对群决策影响的研究［J］. 预测，46（5）：61-65.

魏亚飞，2012. 冷链物流企业绩效评价研究［D］. 石家庄：河北经贸大学.

荀骁，2016. 衡水天洋冷冻厂冷链物流绩效评研究［D］. 石家庄：河北科技大学.

闫靖，陈丽玉，2019. 基于Skowron区分矩阵的冷链物流企业绩效价指标约简［J］. 物流工程与管理，41（9）：57-59，66.

Defraeye T. Taglisvini，Wu G.，et al.，2019. Digital twins probe into food cooling and biochemical quality changes for reducing losses in refrigerated supply chains［J］. Resources，Conservation & Recycling，149：778-794.

Hamdan A. Rogers，et al.，2007. Evaluating the efficiency of 3PL logistics operations［J］. International Journal of Production Economics，113（1）：235-244.

Thakur M. Eski，2015. EPCIS based online temperatures monitoring and traceability in a cold meat chain［J］. Computers and Electronics in Agriculture，117：22-30.

Vijay K. Sharma，et al.，2017. Green supply chain management related performance indicator in agro industry：A review［J］. Journal of Cleaner Production，141（10）：1194-1208.

第九章　贵州省盘州市新民镇农业产业结构转型综合效益分析

一、研究背景与研究方法

（一）研究背景

"碳足迹"的概念发源于"生态足迹"，指人类生产与生活所排放的温室气体的总量，是从生命周期的角度出发，分析产品生命周期内，直接或间接碳排放活动的过程。2017 年，国家印发了《关于创新体制机制推进农业绿色发展的意见》，要求建立以生态、绿色为导向的农业生产体系，降低碳排放，实现农业低碳发展。2021 年，国务院又发布了《中共中央　国务院关于完整准确全面贯彻新发展理念做好碳达峰碳中和工作的意见》，要求 2030 年前完成碳达峰，2060 年前实现碳中和的目标。我国作为一个农业大国，农业生产中表现出了突出的高碳特征。因此，减碳减排是一项具有重大战略意义的长远工作。

从营养学角度来评价农业及农产品加工业，成为国际国内学术界一个新的思路和"热点"。2020 年，中国人均粮食（粗粮、谷物）消耗量为 141.2 千克，与往年相比略有降低，食物类型和结构的改变影响了中国人的身体素质。FAO/WHO（1985）建立了基于蛋白质、脂肪、碳水化合物的能量计算和评价模型。为了更好地评价不同农产品/食品众多营养成分的营养功能，营养学领域提出构建基于"宏量营养成分＋维生素＋矿物质"的营养模型、营养总量、营养指数，尝试从营养学角度实施标准化和归一化，重点在消费者日常饮食消耗量与综合营养摄入量之间进行量化评价，从而指导人们健康饮食。国外学者 Trumbo 等（2003）、Rayner 等（2005）、Scarborough 等（2007）、Scheidt 等（2004）、Adam 等（2007）、Sluik 等（2015）、Hess 等（2017），中国学者任继周等（1999）、曹志宏（2013）、高晶等（2018）、徐海泉等（2016）也做了类似研究。

在农业领域，功能农业和功能食品成为农业产业、营养健康领域潜在的"蓝海"。2008 年，赵其国（2022）提出功能农业概念，标志着我国功能农业的开始，农业模式从"吃饭农业"开始向"健康农业"逐步转型。

2015年农业部提出调整优化农业结构后，新一轮结构调整和特色产业已经在中国各地区开展且势头较好。江西省提出包括水稻、水果等在内的"九大工程"。四川省构建"10+3"产业体系，重点培育川猪、川茶、川药、川菜等10大特色产业。云南省大力发展茶叶、蔬菜、花卉、水果等9大重点特色产业。重庆市提出柑橘、榨菜等10大山地特色高效农业。贵州省2018推行"5+1"结构调整，以茶叶、蔬菜、水果、食用菌、中草药等5大特色优势产业作为突破口。2019年，贵州省确定重点推进12项特色农业产业。

基于上述分析，从营养学角度对农业结构调整进行评估，明确产业结构变化在营养学方面的得失，从而引导传统农业和现代集约化农业朝着功能农业、健康农业发展，引导人们从营养学角度进行食品消费具有重大意义。

综上所述，将不同的研究方法结合起来对产业进行综合效益的剖析，可以得到更为全面的结果，为地方政府后续产业转型提供更为健全的理论支撑，同时带入有关农民生计最直接、最根本的经济效益，利于实现碳排放、营养价值、经济收益等共赢局面。

（二）研究方法

1. 碳足迹法 指农作物生产过程中全部农资投入的碳排放量总和，计算公式为：

$$E = E_1 + E_2 + E_3 + E_4 \cdots + E_n$$

E 代表农作物生产过程中的碳排放总量；E_1、E_2、E_3、E_4 等分别代表各项农资与农产品投入的碳排放总量。其中，碳源的计算公式为：

$$E = G \times A$$

G 代表农作物生产过程中使用的农资质量；A 代表各种农资对应的碳排放系数，各项农资碳排放系数如表9-1所示。

表9-1　农资碳排放系数

农资	氮肥	磷肥	钾肥	农家肥	农药	种子	劳动力
碳排放系数	8.3	1.5	0.3	0.02	18	1.16	0.11

注：除劳动力以小时计算，其他投入使用量单位均为千克。

新民镇在产业结构调整中，由于地形大多为梯田，且分布于山腰和大山中下层，难以使用大型机械，主要以传统的水牛或黄牛耕地；部分农户会使用小型农机，由于使用数量少，因此不做计算。本次研究主要以计算碳总量为主要目的。

2. 营养足迹法 依据《中国食物成分表》和《中国居民膳食营养素参考

摄入量》，选取能量及脂肪、碳水化合物、蛋白质、膳食纤维等21种指标营养素，建立以营养当量为基础的食物营养价值评价方法。部分特色食品取样送至相应检测部门获取所需营养素值，计算公式为：

$$N_x = \frac{N_y}{N_t}(y, \ t = 1, 2, 3 \cdots 20, 21)$$

$$C = \frac{\sum_{i=1}^{n} N_x}{21}$$

$$C_n = C \times S \times M \times 10$$

N_y 为该农作物某项营养素含量（分别与标准摄入量中的元素对应）；N_t 为该项营养素成年人每日标准摄入量（表9-2）；N_x 为农作物某项营养素与该项营养素成年人每日标准摄入量之比；C 是营养当量（营养系数），即21项营养素含量之比的和的平均数，也是衡量作物营养的指标。Cn 为营养总值，S 为农作物种植面积，M 为作物亩产量，营养总值计算以产量（以千克为单位）为主。

表9-2　成年人每日营养摄入标准量

营养素	参考摄入量	营养素	参考摄入量
能量（千焦）	9 414	钙（毫克）	650
脂肪（克）	62.5	磷（毫克）	600
碳水化合物（克）	361.9	钾（毫克）	2 000
蛋白质（克）	60	钠（毫克）	1 500
膳食纤维（克）	25	镁（毫克）	280
维生素A（微克）	560	铁（毫克）	9
硫胺素（毫克）	1.2	锌（毫克）	10.4
核黄素（毫克）	1.2	硒（微克）	50
烟酸（毫克）	12	铜（毫克）	0.6
维生素C（毫克）	85	锰（毫克）	4.5
维生素E（毫克）	14		

注：选取目标作物的可食用部分，茎秆等不可食用部分舍去，营养素标准摄入量均以100克可食部为样本。

3. 经济效益对比　从整体上对比产业结构转型前后的产值与净收益以评估经济效益。

二、研究目的与数据来源

(一)研究目的

1. 分析产业结构转型典型区域产业创造的生态效益 以贵州省盘州市新民镇为研究对象,对其粮食和经济作物结构转型进行全面调查,利用碳足迹指数评估结构转型前后碳足迹的变化,从生态学的角度为结构转型提供理论支撑。

2. 评估产业结构转型典型区域产业创造的营养价值 在全面调查研究的基础上,利用营养指数和数据库计算结构转型前后营养足迹的变化,从营养学的角度为结构转型提供理论支撑。同时,选取若干项指标营养素,确定功能单位及膳食营养素平均摄入量标准值,建立营养当量,并在此基础上建立农产品/食品营养指数数据库。

3. 对比该区域产业结构转型前后经济效益的变化 用投入-产出法计算并比较结构转型前后带来的经济收益,从经济视角为结构转型提供理论支撑。

4. 为地方政府后期产业结构转型提出建议 从生态、经济、营养方面综合分析结构转型存在的问题、改进路径,为地方政府后期产业结构转型提供策略。

(二)数据来源

新民镇位于盘州市东南部,地处东经 104°48′—104°58′、北纬 25°17′—25°37′之间。全镇总面积 134.6 千米²,南北长 45 千米,东西平均宽 4.2 千米。

1. 土地资源数据 新民镇地处贵州高原向云南高原的过渡地带,属喀斯特地貌,地势西高东低,中部山峦起伏,地形以山地为主,最高点海拔 1 888 米,最低点海拔 960 米。全镇山清水秀,生态环境较好,耕地总面积 86 550 亩,建设等其他用地 32 869 亩。

2. 生态资源数据 新民镇属亚热带季风气候区,无霜期 286 天,年平均气温 15℃,年均降水量 1 450 毫米,冬无严寒、夏无酷暑,土地肥沃、阳光充沛,层层梯田集中连片,其天然条件可作为产业调整先天优势。

3. 新民镇农业产业现状 以农业生产周期为标准,新民镇把一年生作物和多年生作物分为短期主导产业和长效主导产业。

截至 2020 年底,新民镇共实施长效主导产业 5 个,即软籽石榴 10 293 亩、核桃 21 690 亩、刺梨 6 269 亩、茶叶 794 亩、精品水果(除石榴与刺梨外)359 亩,总面积达 39 405 亩,占全镇农业产业种植面积的 40%以上,已见成效。

2021 年，有短期主导产业共 37 667 亩，其中红米 13 000 亩、果蔬（除辣椒、生姜外）5 500 亩、辣椒 1 306 亩、生姜 10 407 亩、烤烟 5 318 亩、薏苡 1 173 亩、中药材 848 亩、黄小米 115 亩；青贮玉米产业及籽粒玉米 34 938 亩，形成了上规模、可持续的发展模式。农业规模效应、集聚效应日益凸显。红米、果蔬作为农业产业强镇主导产业，已形成规模化、区域化、标准化、园区化发展格局。调整前的作物以水稻和玉米为主，农户自种的小菜地等不做计算。调整前后作物面积、平均产量、产值以及收益见表 9-3、表 9-4。

表 9-3　调整前作物面积、平均产量、产值以及收益

作物	种植面积 （亩）	单位产量 （千克/亩）	产值 （万元）	收益 （万元）
水稻	33 782.8	650	14 053.6	5 621.5
玉米	50 674.2	500	8 614.6	5 168.8
总计	84 457		22 668.2	10 790.3

表 9-4　调整后作物面积、平均产量、产值以及收益

作物	种植面积 （亩）	单位产量 （千克/亩）	产值 （万元）	收益 （万元）
软籽石榴	10 293	1 450	5 146.5	2 129.3
核桃	21 690	260	3 253.5	2 082.2
刺梨	6 269	1 000	1 175.4	724.1
茶叶	794	400	476.4	288.3
苹果	359	2 000	179.5	108.7
红米	13 000	550	10 010	3 276
辣椒	1 306	1 100	2 700	1 652.3
烤烟	5 318	150	2 700	1 450.2
魔芋	848	2 000	7 700	5 011.3
油菜	13 000	150	2 250	534.8
薏苡	1 173	1 600	3 150	1 175.6
生姜	10 407	1 800	13 500	8 437.5
总计	84 457		52 241.3	26 870.3

注：茶叶分季采摘，共四次，平均 100 千克/次。

三、评价结果及分析

（一）碳足迹分析

调整前各作物每亩各项农资投入如表 9-5 所示。

表 9-5　调整前作物单位面积（亩）各项农资投入

作物	氮肥	磷肥	钾肥	农家肥	农药	种子	人工
白稻	18	15	16	1 000	0.6	1.3	500
玉米	44.8	12	10.5	800	1.2	2.5	580

注：除人工单位为小时外，其余单位为千克。

所使用的化肥多为复合肥与尿素，以 40 千克/包与 60 千克/包为主，氮含量 16%～18%、磷含量 14%～20%、钾含量 6%～10%，其中水稻除了铺底肥外还需要两次追肥，底肥以农家肥和化肥共同作用，中期补肥，结穗后再分撒一次叶面肥，叶面肥剂量过小，忽略不计。玉米播种期铺一次底肥，后出籽粒再喷一次叶面肥。计算结果见表 9-6。

表 9-6　调整前传统作物碳排放结果

作物	每亩碳排放量（千克 CO_2）	面积（亩）	碳源（千克 CO_2）
白稻	280.0	33 782.8	9 459 184
玉米	474.2	50 674.2	24 029 705.6
总计			33 488 889.6

调整后各作物每亩各项农资投入见表 9-7，计算结果见表 9-8。

表 9-7　调整后作物单位面积（亩）各项农资投入

作物	氮肥	磷肥	钾肥	农家肥	农药	种子	人工
软籽石榴	35	35	35	2 700	8	0	800
核桃	15	15	15	2 700	1.5	0	760
刺梨	15	15	15	1 500	1.2	0	840
茶叶	2.5	2.5	2.5	2 400	0.4	0	640
苹果	30	12	17	1 500	0.6	0	500
红米	16.5	19	16.5	1 000	0.6	1.5	600
辣椒	6	6	6	2 500	3	0.05	380
烤烟	0.75	1	0.75	2 000	1.5	0	420
魔芋	8.5	8.5	8.5	2 500	2	120	400

（续）

作物	氮肥	磷肥	钾肥	农家肥	农药	种子	人工
油菜	12	5	5	3 000	3	0.8	550
薏苡	2.5	2.5	2.5	2 000	1.5	6.5	600
生姜	16	16	16	1 500	4	500	480

注：除人工单位为小时外，其余单位为千克。

表 9-8　调整后各作物碳排放结果

作物	每亩碳排放量（千克 CO_2）	面积（亩）	碳源（千克 CO_2）
石榴	639.5	10 293	6 582 373.5
核桃	316.1	21 690	6 856 209
刺梨	295.5	6 269	1 852 489.5
茶叶	50.6	794	40 176.4
苹果	367.9	359	132 076.1
红米	268.9	13 000	3 495 700
辣椒	206.5	1 306	269 689
烤烟	121.2	5 318	644 541.6
魔芋	355.1	848	301 124.8
油菜	284.0	13 000	3 692 000
薏苡	165.8	1 173	194 483.4
生姜	896.4	10 407	9 328 834.8
总计		84 457	33 389 698.1

注：核桃、石榴、刺梨、茶叶、苹果和烤烟是通过栽种幼苗和嫁接的方式，种子带来的碳排放为0。改种后农药均由当地特定公司供应，水稻与油菜种子也由专门供应点供应。生产投入按第一年计算。

其中，石榴、核桃、刺梨在种植前会铺一次底肥，其间进行两次追肥，并喷洒防病虫害药剂。石榴挂果后进行套袋，纸袋会回收，防止污染土地，因此不做计算；刺梨挂果需要利用工具支撑枝丫，以防挂果过重导致断枝，此时人工消耗较大。红米与白稻的种植基本相同，只是在肥料的投入上有所差异。

由表 9-7、表 9-8 可知，调整前一个周期内只生产白稻和玉米的情况下碳排放总量为 33 488 889.6 千克 CO_2，产业转型后为 33 389 698.1 千克 CO_2，较之前减少了 99 191.5 千克 CO_2。转型前，玉米单位面积内生产所排放的碳总量为 474.2，是水稻生产碳排量的 1.69 倍，可以适当增加水稻的种植量用于代替部分玉米的种植，使减碳效果更加明显。转型后，单位面积碳排放量最高的是生姜，原因在于生姜的果实与种子相同，皆为块茎，所以在种植过程中，种子的投入量远大于其他作物；茶叶的单位面积碳排放量最小，得益于投入少且是以幼苗的形式，本身还具有固碳作用。

除能精确计算的减碳量外，还包括无法测量的部分。玉米和水稻都是每年一种，每一个周期内都需要相同的投入，也会释放相同的碳量，若长期如此，土壤肥力下降导致化肥投入增多，继而碳排放量增多，自然负担加重。同时，秋收后当地居民将水稻秸秆囤积，用于过冬喂牛，玉米秸秆就地焚烧或者打碎埋土肥田，但选择焚烧的人相对多一些，从侧面也增加了碳排放量。果树等多年生植物，在种植第一年就可以达到一定的固碳效果，之后的投入低于种植年，固碳的效果也更好。

（二）营养足迹分析

调整前作物各项营养素含量见表9-9。与成年人日营养摄入标准量的取样方法相同，以100克可食部分为样本；调整后作物各营养含量取样也采用相同方法。

表9-9 传统作物各项营养素含量

营养素	水稻（白稻）	玉米
能量（千焦）	347	112
脂肪（克）	0.8	1.2
碳水化合物（克）	77.9	22.8
蛋白质（克）	7.4	4
膳食纤维（克）	0.7	2.9
维生素A（微克）	0	0
硫胺素（毫克）	0.11	0.16
核黄素（毫克）	0.05	0.11
烟酸（毫克）	1.9	1.8
维生素C（毫克）	0	16
维生素E（毫克）	0.46	0.46
钙（毫克）	13	0
磷（毫克）	110	117
钾（毫克）	103	238
钠（毫克）	3.8	1.1
镁（毫克）	34	32
铁（毫克）	2.3	1.1

营养素	水稻（白稻）	玉米
锌（毫克）	1.7	0.9
硒（毫克）	2.23	1.63
铜（毫克）	0.3	0.09
锰（毫克）	1.29	0.22

根据营养足迹公式可得计算结果，见表9-10。

表9-10　传统作物营养值结果

作物	营养系数	面积（亩）	亩均产量（千克）	营养总值
白稻（水稻）	0.118 438 628	33 782.8	650	26 007 725.1
玉米	0.084 762 206	50 674.2	500	21 476 284.9
总计				47 484 010.0

从表9-10中可以直观看出，水稻的营养系数比玉米高，大约是玉米的1.4倍，直接给人体提供的能量也远高于玉米，但玉米主要用于喂猪，转化比为6∶1。在保证正常投入产出的情况下，一年产生的营养总量是47 484 010.0，把一个成年人每日各项营养标准摄入量化为1，即在只种植水稻和玉米的情况下，可以满足47 484 010人的基本需求。

调整后作物各项营养含量见表9-11。利用公式计算得到结果，如表9-12所示。

表9-11　调整后新种植模式各营养素含量

营养素	石榴	核桃	刺梨	茶叶	苹果	红米	辣椒	烤烟	魔芋	油菜	薏苡	生姜
能量（千焦）	73	336	63	328	54	356	38	16	8.82	25	361	46
脂肪（克）	0.2	29.9	0.1	2.3	0.2	2	0.4	0	0	0.5	3.3	0.6
碳水化合物（克）	18.7	6.1	16.9	50.3	13.5	80.4	8.9	0.7	3.72	3.8	71.1	10.3
蛋白质（克）	1.4	12.8	0.7	34.2	0.2	7	1.3	3.1	0.22	1.8	12.8	1.3
膳食纤维（克）	4.8	4.3	4.1	15.6	1.2	2	3.2	0	3.51	1.1	2	2.7
维生素A（微克）	0	0	483	967	3	0	232	0	0	103	0	28

营养素	石榴	核桃	刺梨	茶叶	苹果	红米	辣椒	烤烟	魔芋	油菜	薏苡	生姜
硫胺素 （毫克）	0.05	0.07	0.05	0.02	0.06	0.25	0.03	0	0	0.04	0.22	0.02
核黄素 （毫克）	0.03	0.14	0.03	0.35	0.02	0.07	0.06	0	0	0.11	15	0.03
烟酸 （毫克）	0	1.4	0	8	0.2	7.5	0.8	0	0.02	0.7	2	0.8
维生素 C （毫克）	9	10	0	19	4	0	144	0	0	36	0	4
维生素 E （毫克）	4.91	41.17	2 585	9.57	2.12	0	0.44	0	0	0.88	2.08	0
钙 （毫克）	9	0	68	325	4	15	37	0	2.13	108	42	27
磷 （毫克）	71	0	13	191	12	0	95	0	0	39	217	25
钾 （毫克）	231	0	0	1 661	119	242	222	0	0	210	238	295
钠 （毫克）	0.9	0	0	28.2	1.6	2	2.6	8	132	55.8	3.6	14.9
镁 （毫克）	16	0	0	196	4	106	16	0	3.13	22	88	44
铁 （毫克）	0.3	0	2.9	14.4	0.6	2.15	1.4	0	0.08	1.2	3.6	1.4
锌 （毫克）	0.19	0	0	4.34	0.19	1.5	0.3	0	0.1	0.33	1.68	0.34
硒 （毫克）	0	0	0	3.18	0.12	4	1.9	0	16.6	0.79	3.07	0.56
铜 （毫克）	0.14	0	0	1.74	0.06	0.37	0.11	0	0.01	0.06	0.29	0.14
锰 （毫克）	0.17	0	0	32.6	0.03	2.19	0.18	0	0.04	0.23	1.37	3.2

表 9-12　调整后新模式营养值结果

作物	营养系数	面积（亩）	亩均产量（千克）	营养总值
石榴	0.069 240 421	10 293	1450	10 334 029.0
核桃	0.208 569 055	21 690	260	11 762 043.3

作物	营养系数	面积（亩）	亩均产量（千克）	营养总值
刺梨	1.525 780 966	6 269	1 000	95 651 208.8
茶叶	0.938 925 642	794	400	0
苹果	0.033 239 196	359	2 000	238 657.4
红米	0.171 007 193	13 000	550	12 227 014.3
辣椒	0.157 614 963	1 306	1 100	2 264 296.6
烤烟	0.003 145 017	5 318	150	0
魔芋	0.030 402 273	848	2 000	515 622.6
油菜	0.082 912 39	13 000	150	1 616 791.6
薏苡	0.760 680 777	1 173	1 600	14 276 456.8
生姜	0.092 154 181	10 407	1 800	17 262 874.1
总计				166 148 994.5

注：茶叶和烤烟不存在可食部，不被人体直接吸收，因此按 0 计算。

通过表 9-11、表 9-12 可知，产业转型前后的营养总值差异巨大，转型后为转型前的 3.5 倍，也就是能满足基本营养需求的人数达到了转型前的 3.5 倍；同时，转型后的种植模式在长期推行的过程中可以降低疾病的发病率。其中，营养系数最大的是刺梨；茶叶的营养系数仅低于刺梨，但其并不用于直接食用，通过沸水冲泡而被人体吸收的营养物质少，多为微量元素，能量、脂肪、碳水化合物等不会进入人体；薏苡的营养价值同样较高，携带的能量多，且具有良好的饱腹感，口感软糯，有谷物清香，深受盘州市民喜爱，有着较大的消费市场；红米的营养价值也高于白米，当地农户主食喜好偏向于红米，除自家吃以外，部分会向外销售；转型后的油菜也有所不同，目前为紫油菜，相较于传统油菜产量更小，油菜籽出油率略低，但具有很好的观光效果，春季能观赏到油菜花盛景。

（三）经济效益分析

调整前后产值、收益见表 9-13。

表 9-13 调整前后相关经济收益

	品种	产值（万元）	收益（万元）
调整前	水稻（白稻）	14 054	5 621
	玉米	8 615	5 169
	总计	22 669	10 790

	品种	产值（万元）	收益（万元）
	石榴	5 147	2 129
	核桃	3 254	2 082
	刺梨	1 175	724
	茶叶	476	288
	苹果	180	109
	红米	10 010	3 276
调整后	辣椒	2 700	1 652
	烤烟	2 700	1 450
	魔芋	7 700	5 011
	油菜	2 250	535
	薏苡	3 150	1 176
	生姜	13 500	8 438
	总计	52 242	26 870
调整后与	差值	29 573	16 080
调整前	比值	2.3	2.5

转型前年产值为 22 669 万元，净收益为 10 790 万元；前后的收益差值达到了 16 080 万元，增长率达到了 150%，产值也呈现出高速增长的态势。转型后产值为 52 242 万元，收益为 26 870 万元。转型后的产值和收益由综合计算得出，包括直接销售的部分、粗加工的初级产品以及精加工的成熟产品及衍生品。粗加工包括生姜、薏苡、油菜、核桃、石榴。生姜出土后会运送到当地的洗姜厂，以 6～8 元/千克的价格卖给厂家，经过清洗后，厂家再以翻倍的价格销售到全国各地；薏苡采收后晾晒，薏苡会输送到包装厂打包（5 千克/袋），再销往各个超市；油菜晒干后一部分直接售卖，另一部分进行精加工，压榨为菜籽油；核桃会进行去壳；一部分石榴会精装为礼盒。精加工的包括魔芋、刺梨、茶叶。魔芋是磨碎后送进加工厂，加工为零食；刺梨本身带有酸涩味，普通人难以接受，主要用于榨汁和酿酒，百姓对刺梨汁的接受程度高于刺梨酒，新民镇通过建设刺梨汁加工厂打响了当地刺梨汁的招牌，命名为"天刺梨"，与盘州市的"刺梨王"齐名；茶叶加工的一系列操作同样由机器完成。直接进行买卖活动的有烤烟、辣椒、石榴、苹果，都是按照"公司＋农户"的方式由公司收购，散户自售少。

四、结论及建议

(一) 研究结论

综合看，产业结构转型是成功的，碳排量不增反减，缓解了一定的生态环境压力；转型后所种植的多年生植物摒弃了传统作物每年一植的种植模式，减少了输入农田的农药和化肥等；多年生植物发达的根系还具有疏松土质，减少土壤板结的作用。多样化的种植不但大幅提升了营养总量，还优化了人群的饮食消费结构，扩大了选择空间，从根源上减少了患营养代谢病的人数。转型后除了带来可观的经济收入外，还提供了不少的就业岗位，加工厂正式运作后需要大量的劳动力，部分解决了农村留守妇女和老人的就业问题，额外增加了其收入，也吸引了务工人员返乡就业，有效促进农村社会稳定和谐，侧面推动了乡村振兴的步伐。

但产业结构转型中也存在着一定的问题：首先，传统种植模式虽然经济效益较低，但除一般面临的市场风险和自然风险外，收入是稳定的；新模式中的部分产业需要连续投入 3～5 年后才可初见成效，一旦出现经济断层，就有"烂尾"的风险，因此存在着较大的经济压力。部分石榴种植区还出现了大面积的烂芯现象，原因是人工套袋不及时，引起桃蛀螟、棉蚜等虫害。其次，油菜花观景台存在"只投入，无输出"的问题，斥巨资搭建观景台后，并未开展任何收费项目以及乡村旅游活动，没有充分发挥观景台的作用。最后，人才的缺失促使部分产业停滞不前，负责人需要负担过重的任务，无法全面推行转型计划。

(二) 研究建议

针对产业结构转型过程中出现的问题和对未来形势的估计，提出以下建议：

一是做好前期预算工作，防止出现经济断层。果树类植物从种植到收获的时间跨度较长，需要持续较大的经济投入，若出现经济断层，可能导致功亏一篑的严重后果。

二是适当调减高碳排放和低营养作物种植面积。产业转型后，生姜种植的碳排放最高、烤烟的营养系数最低，可以在保证经济效益的基础上，适当减少其种植面积，增加碳排放低和高营养价值的作物。

三是加强人员管护，降低病虫害风险。定期喷洒农药，及时做好防护措施，降低病虫害造成的损失。

四是利用产业优势，带动乡村旅游。将产业转型中打造的带有旅游性质的事物宣传出去，并带动村民加入乡村旅游建设中，实现"农文旅"一体化，提升游客体验，从而增加收入，防止规模返贫。

五是增加就业岗位，吸引年轻人返乡就业。增加工厂的有效岗位，留住青壮年劳动力，实现"去空壳村"。

六是加强人才引进。做好人才储备和引进工作，秉承以"专业人做专业事"的态度，对口解决面临的问题，促使产业结构转型向积极形势发展。

五、参考文献

成升魁，徐增让，谢高地，等，2018. 中国粮食安全百年变化历程 [J]. 农学学报，8（1）：194-200.

党娟，秦礼康，2023. 干燥方式对蒸煮预熟化薏米品质及营养成分的影响 [J]. 贵州农业科学，51（2）：99-105.

甘天琦，刘铭明，周宗钰，2023. 中国农业碳排放的空间关联特征与减排政策选择 [J]. 四川农业大学学报，1：22-32.

国家统计局，2021. 中国统计年鉴 2021 [M]. 北京：中国统计出版社.

韩丽艳，2020. 居民膳食结构变化视角下的粮食安全问题研究 [J]. 农村经济与科技，31（1）：26-27.

刘巽浩，徐文修，李增嘉，等，2014. 农田生态系统碳足迹法：误区、改进与应用——兼析中国集约农作碳效率（续）[J]. 中国农业资源与区划，35（1）：1-7.

冉光和，王建洪，王定祥，2011. 我国现代农业生产的碳排放变动趋势研究 [J]. 农业经济问题，32（2）：32-38.

王黔京，2019. 统筹城乡居民大病保险制度效应研究 [J]. 公共管理学报，16（4）：96-107，173.

魏明桦，2017. 食用农产品营养保健成分优化配置系统的构建与推广应用研究 [D]. 福州：福建农林大学.

吴昊玥，黄瀚蛟，陈文宽，2021. 中国粮食主产区耕地利用碳排放与粮食生产脱钩效应研究 [J]. 地理与地理信息科学，6：85-91.

徐清华，张广胜，2022. 农业机械化对农业碳排放强度影响的空间溢出效应——基于 282 个城市面板数据的实证 [J]. 中国人口·资源与环境，32（4）：23-33.

徐湘博，李畅，郭建兵，等，2022. 土地转入规模、土地经营规模与全生命周期作物种植碳排放——基于中国农村发展调查的证据 [J]. 中国农村经济，11：40-58.

杨月欣，2014. 膳食指南的发展和制定原则 [J]. 营养学报，5：417-420.

赵其国，2022. 功能农业：从 0 到 1 [J]. 科技创新与品牌，2：12-15.

Sims R. E. H.，Rogner H. H.，Gregory K.，2003. Carbon emission and mitigation cost comparisons between fossil fuel，nuclear and renewable energy resources for electricity generation [J]. Energy policy，31 (13)：1315-1326.

Sinha R. K.，Chaturvedi N. D.，2019. A review on carbon emission reduction in industries and planning emission limits [J]. Renewable and Sustainable Energy Reviews，114：109304.

Solomon S.，Plattner G. K.，Knutti R.，et al.，2009. lrreversible climate chang due to carbon dioxide emissions [J]. PNAS，1069 (6)：1704-1709.

Wackemagel M.，Rees W. E.，1996. Our ecological footprint-re-ducing human impact on the earth [M]. Gabriola island，Canada：New Society Publishers.

第十章 基于 IPA 方法的乡村旅游发展对策研究

——以盘州市妥乐村为例

一、引言

自 20 世纪 80 年代以来，随着中国的快速发展，乡村旅游也得到了快速的发展。乡村旅游是农村经济发展的新引擎，在农村发展中的作用愈加凸显。广大农村地区通过发展乡村旅游，推动了当地村民实现增收致富，同时有效地促进了农村产业结构的调整，更为乡村振兴"开新局"提供了渠道，在生态宜居、乡风文明、治理有效等方面的作用日益突出。作为旅游大省的贵州依托自身在自然生态等方面的优势，在许多农村地区发展起了乡村旅游。同时，新时期贵州提出了旅游产业化，推动全省旅游产业从数量增长、扩大规模转变为提升旅游品质、促进效益提升，不断推进贵州旅游产业高质量发展、产业化发展。盘州市妥乐村作为贵州乡村旅游发展的缩影，依托其独有的银杏旅游资源开发了具有鲜明特色的乡村旅游发展之路。

（一）研究综述

当前国内外对于乡村旅游的研究较为丰富。在发展乡村旅游的意义上，学者认为乡村旅游在旅游业中具有重要的分量，伴随着乡村旅游的快速发展，其重要市场价值不断凸显出来，推进了农村经济发展和促进农民增收致富，实现民富农兴，同时构建了农村美丽生态，具有保护文化遗产的重要作用。此外，发展乡村旅游是实现农村地区农业高质量发展的重要途径，为解决"三农"问题提供了新思路，对乡村振兴战略有着积极影响。

在乡村旅游发展面临的问题上，学者主要从乡村旅游发展模式、产品开发及其他方面进行了研究。从乡村旅游发展的模式及产品开发上看，当前乡村旅游发展中对乡村人文景观挖掘不足，旅游项目单一，旅游产品及发展模式同质化程度较高，缺乏产品特色。此外，景区群众参与度低、旅游宣传不到位、缺乏专业人才等亦是当前旅游发展不可忽视的问题。

在乡村旅游发展对策建议上，首先是产品开发，通过优化乡村旅游空间布局，学习和借鉴先进发展思想，结合自身文化特色开发旅游产品，不断丰富旅游项目，提升旅游产品质量，在此基础上树立旅游品牌，提升知名度。从乡村旅游资源的保护上看，要保护好当地生态环境，加强生态保护与开发统筹，强化不同旅游群体的生态环境保护意识。从旅游服务上看，要加强人员培训，健全乡村旅游的配套服务设施。从乡村旅游人才培养上看，要构建乡村旅游可持续发展人才培养体系，培养专业的乡村旅游从业者，提高人才素质。此外，村民参与、政府作用发挥等方面也应加强关注。

可以看出，当前国内外在乡村旅游发展的意义、存在的问题、对策建议方面的研究已较为丰富，但对乡村旅游在村级层面的相关研究依然较少。因此，本章以村级层面的妥乐村乡村旅游发展为例，通过对游客进行相关的问卷调查，利用 IPA 方法分析收集的相关数据，发现当前妥乐村乡村旅游发展存在的问题并提出相应的对策。期望通过本研究丰富乡村旅游村级层面的理论研究，并为妥乐村乡村旅游发展提供一定的思路。

(二) 研究方法

IPA 分析方法，即重要性及其表现分析法，是由 Martilla 等（1997）率先提出，它主要是以李克特量表获取重要因素及满意度的数据后，把重要因素和满意度测量值置于二维象限中，以重要性和满意度的平均值作为交叉点，具体划为 4 个区域，即改进区、优势区、机会区、维持区。IPA 分析法在旅游研究中应用较为广泛，而本章通过 IPA 方法分析游客对妥乐村乡村旅游的满意程度，它来自妥乐村乡村旅游的各因素的重视程度和评价。

二、妥乐村乡村旅游发展概况

(一) 妥乐村基本概况

妥乐村位于贵州省盘州市石桥镇，距离盘州市市区 28 千米，与石桥镇镇中心相距 1 千米。村内有妥河穿过，附近植被以银杏树和松林为主。其地处云贵高原之上，四周被大山环绕，地势高低不平，落差较大。妥乐村以旅游业、银杏产业、农业为主。当地居民年人均收入在 7 000 元左右，村集体年收入为300 万元。在交通上，妥乐村临近沪昆高速、盘兴高速，村内的交通以栈道和水泥路为主。

（二）妥乐村乡村旅游资源及发展现状

妥乐村依山傍水，是盘州市古银杏风景名胜区的中心地带，是全球古银杏最集中的片区，生长着1150多株连片的银杏树，其中树龄最大的已有1 500余年的历史，平均树龄300余年。妥乐有古银杏林、妥乐村寨、小石桥、西来寺等景点。除银杏旅游资源外，妥乐村的历史文化资源也较为丰富，其中主要有古代驿道1条、古代陵墓1座、历史较为悠久的桥2座、古井4口。

从妥乐村旅游发展历程来看，时间虽短，但其发展速度较快。在2000年2月贵州省人民政府批准其成为省级风景名胜区，因此开启了盘州市妥乐村旅游发展的序幕；2013年妥乐村获得了"世界古银杏之乡"荣誉称号；作为六盘水市旅游发展的重要代表，妥乐村成为2014年六盘水市第一届旅游发展大会的举办地，凸显了政府对妥乐村旅游发展的认可和支持；2016年，盘州市妥乐村乡村旅游迎来了高光时刻，获批成为国家4A级旅游景区，闻名度得到了很大程度的提升，同年中国（盘州）和东盟的产能合作论坛"妥乐论坛"首次举办并获得成功；在2021年，妥乐古银杏景区纳入贵州省"十四五"规划中国家5A级旅游景区创建重点对象，这将为妥乐村乡村旅游进一步发展提供更多支持。

三、妥乐村乡村旅游 IPA 分析

（一）数据来源

数据来源于2022年盘州市妥乐旅游景区对游客进行的问卷调查，主要调查游客对景区的交通、餐饮、住宿等方面的满意度及重要性。本次调查共发放了66份问卷，有效问卷61份，问卷有效率92.4%。在调查的61位游客中，女性游客28人，占总调查人数45.9%；男性游客33人，占总调查人数54.1%。

（二）妥乐村乡村旅游游客评价状况

影响游客旅游体验感的因素是多样的。完善的公共服务设施是乡村旅游长期发展的重要支撑。交通区位条件是乡村旅游地与客源市场之间的桥梁，是乡村旅游地发展的重要保障；而乡村美食是乡村旅游重要的吸引源，其餐饮服务质量的高低是影响目的地能否在市场严重同质化竞争中制胜的关键。同时，住宿是旅游产业的重要支柱，住宿条件是衡量旅游产业发展水平的重要因素之一。此外，旅游购物影响游客的旅游体验质量和满意度。景色品质是乡村旅游中的关键一环，对吸引游客具有重要作用。乡村旅游需要追踪、融入游客的情感体验，不断更新旅游项目。基于当前学者对乡村旅游中影响因素的研究，本章选取了影响妥乐村乡村旅游满意度的 7 个因素进行 IPA 分析，通过调查获得了关于旅游交通、购物消费、餐饮服务、住宿条件、景色、公共服务设施、游玩项目 7 个方面的重要性及满意度数据。通过打分的方式，分值设置了 1～5 分共 5 档，根据所得数据计算每项的平均分，整理数据获得这 7 个方面在满意度及重要性的平均分（表 10 - 1）。

表 10 - 1   游客对妥乐村旅游满意度及重要性评分（分）

指标	满意度平均得分	重要性平均得分
旅游交通	3.75	3.38
购物消费	3.41	2.96
餐饮服务	3.54	3.24
住宿条件	3.12	3.36
景色	3.78	3.47
公共服务设施	3.34	3.32
游玩项目	3.24	3.72

（三）妥乐村乡村旅游 IPA 分析

通过所整理获得的 7 个因素在满意度和重要性的平均值，将满意度作为纵轴，把重要性作为横轴，以 7 个因素的满意度及重要性的平均值作为交叉点，将空间划为 4 个区域，将 7 个因素分别标记于对应的区域中，妥乐村 IPA 分析图如图 10 - 1 所示。通过 IPA 分析图可以看到，位于第一象限的主要有旅游交通和景色，说明这两个方面的满意度和重要性都较高，是当前妥乐村乡村旅游所具有的优势，需要继续坚持下去。而餐饮服务位于第二象限，可以看出在这一方面其满意度较高但不太重要，因此不需要过多关注这一方面，不需要投入太多。购物消费位于第三象限，说明这一因素的满意度和重要性都较低，由此看到妥乐村的游客并不在意这一因素，只需花费较少精力即可。而位于第四象限的有三个方面，包括公共服务设施、住宿条件、游玩项目，说明这 3 个方面的重要性较高，但游客的满意度偏低。因此，妥乐村需要对公共服务设施、住宿条件、游玩项目这三个方面加以重视，重点改进在这三个方面的不足。

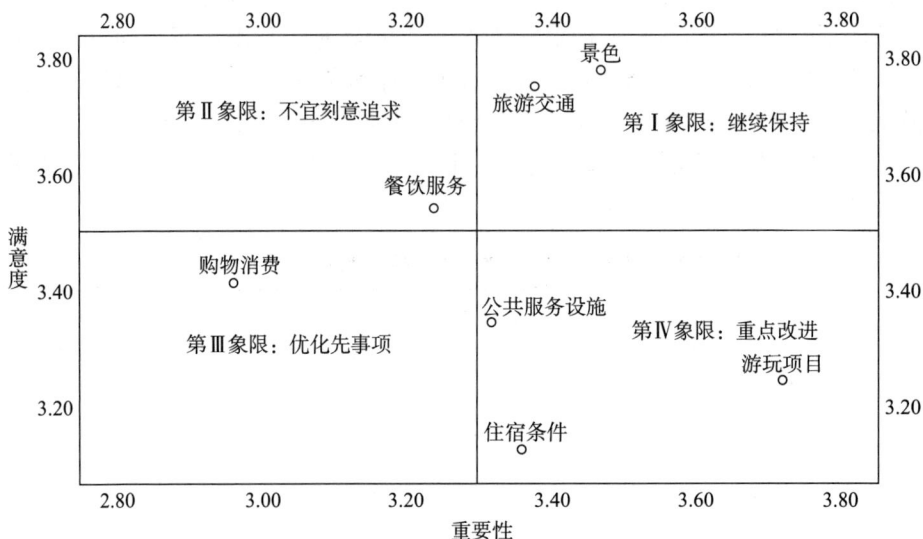

图 10-1 妥乐村乡村旅游 IPA 分析

四、妥乐村乡村旅游发展存在的问题

(一) 营销方式落后

当前，妥乐村在贵州省内虽然具有一定知名度，但在省外知名度相对较低。游客对妥乐村的了解主要依靠朋友介绍、电视宣传片等较为传统的方式，而缺乏应用网络及短视频 APP 等现代宣传媒介进行营销宣传，这导致了人们了解妥乐村的信息较为零散，不能全面展现妥乐村的魅力。

可以看到，妥乐村乡村旅游的营销方式需要加以改变。现有宣传方式使得妥乐村乡村旅游信息传播途径和范围受到了很大的限制，特别是省外的游客对妥乐村知之甚少，吸引力远远不够。同时，妥乐村举办相关活动较少，近几年主要活动是每年举办的"妥乐论坛"，虽然在 2016 年首届"妥乐论坛"举办后游客有所增加，知名度有较大提升，但之后热度逐渐降低，同时没有举办其他活动，因此妥乐村知名度提升较为困难。

(二) 基础设施仍需完善

从游客希望妥乐村旅游改进的方面看（图 10-2），有 59% 的游客希望公共服务设施方面进行改善，有 48% 的游客希望在住宿条件上进行改善，有 38% 的游客希望在游玩活动上有所改善，有 21% 的游客希望在游客服务方面有所改进，在旅游交通上希望改进的游客最少，仅有 7%。因此，妥乐村需要在公共设施服务、住宿、游玩活动等方面多加关注，不断提升游客各方面的满意度。

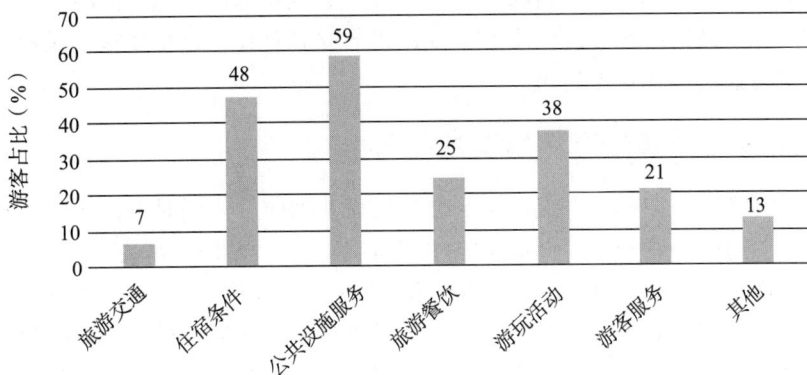

图 10 - 2　希望妥乐村旅游需要改进的方面游客占比

由前文中 IPA 分析看到，当前妥乐村的住宿和基础设施是需要重点改进的方面，其重要程度与游客的满意度截然相反。在住宿方面，妥乐村当前主要以民宿为主，同时也有妥乐酒店、金色家园酒店两个大型酒店。当前游客在民宿住宿的较多，而妥乐村民宿的条件相对较差，如游客反映的妥乐村夜间较冷却没有供暖设施、住宿的内部设施比较陈旧、民宿卫生较差等问题。在基础服务设施上，除了住宿上的不足，还有村中停车位不够，特别是在妥乐村旅游的高峰期上，选择自驾游的游客较多，到了景区却难以找到车位。同时，游客存在乱扔垃圾的现象，说明了妥乐村在卫生设施设置及管理上的不足。此外，村内照明设施建设不够，导致景区住宿游客夜晚出行不便。

（三）旅游产品单一

从游客在妥乐村游玩时间来看，多数游客在妥乐村游玩时间较短，正是由于当前妥乐村旅游产品单一导致了缺乏吸引力，难以留住游客。从前文中 IPA 分析中看到，当前妥乐村的旅游项目在重要性较高的同时满意度较低。这主要是由于当前妥乐景区的旅游项目单一、缺乏旅游特色导致的。

当前妥乐村景区的旅游项目主要以银杏树游览为主，而银杏的游览观光又具有很强的季节性。在秋季时，到访游客大大增加，而到了冬、春、夏季时，妥乐村银杏树观赏价值不高，同时又没有其他具有较高观光价值的景物，因此到访游客较少。此外，为体验妥乐村的传统民居生活和农家乐，当前农家乐主要是以餐饮和住宿体验为主，在游客的好奇心理消散后，体验农家乐的人便会不断减少。

同时，妥乐村乡村旅游发展尚未充分利用当地的文化资源。自明朝建村以来，妥乐村形成较为丰富的历史古迹和文化资源，而当前村中仅对一些历史古迹加以开发利用，如将一些古桥、古井开发成景点；但历史悠久的村庄、丰富的农耕文化以及历史传说和故事在当前却没有受到重视，这也使得妥乐村的乡村旅游发展缺乏本地文化特色。

（四）旅游资源和生态环境有所破坏

妥乐村乡村旅游的开发促进了当地村民就业增收，但同时也使得自然生态和旅游资源遭到一定破坏。例如，村中拥有 1 500 余株银杏树，在旅游高峰的 10—11 月间，旅游人数激增，如 2020 年 10 月 1—4 日短短 4 天村中接待了 2 万余人次的游客，对村内的古银杏树来说不堪重负。同时，村中水体景观中被大量植物覆盖或已干涸。在历史文化旅游资源方面，妥乐村主要有一些古代民居、古桥、1 条古驿道和 4 口古井，但由于没有定期修缮，同时由于亚热带季风气候阴雨天较多，使得文物古迹遭到破坏。

五、妥乐村乡村旅游发展对策

（一）利用多种宣传方式加强对妥乐村的宣传

不断加强妥乐村乡村旅游的品牌建设，改善旅游的品质和游客的体验感。随着网络科技的不断发展，涌现出许多的现代宣传方式，如抖音、快手等短视频平台，微信公众号等网络社交平台，而这也是当前妥乐村旅游宣传存在的短板。因此，必须利用好这些现代的宣传方式，创建妥乐村旅游宣传的短视频、微信等现代宣传渠道，在这些平台上多推送妥乐村乡村旅游的图文，让更多的人了解妥乐村，提升其知名度。

（二）开发多形式的旅游产品

要想留得住游客，需要开发多种旅游产品，增强妥乐村旅游的吸引力。第一，妥乐村作为"世界古银杏之乡"，必须围绕银杏观光旅游这一核心，维护好村内的银杏树这一重要资源，让游客近距离观赏美景，感受妥乐村清新的空气，在娴静的氛围中得到放松。第二，妥乐村作为历史悠久的传统村落，有着丰富的农耕文化，可开展农事体验，让游客在旅游的过程中亲自参与到各种农事活动中，增强游客在旅游中的参与感。第三，妥乐村作为一座民族村寨，民俗风情多姿多彩、独具特色，如村中的祭树活动、山歌小调、"板凳龙"民俗表演等特有的文化资源。因此，可以利用这些民俗活动开发具有本地特色的旅游产品，提升妥乐村乡村旅游的文化特色，满足游客在文化体验上的需求。第四，农家乐作为妥乐村现在重要的旅游形式，必须加以重视。其餐饮需要根据当地特色，如利用妥乐村的特产白果烹饪白果炖鸡、白果炒肉等，在发展农家乐同时需提升烹饪技巧，打造精品菜肴，同时注重经济实惠，利用自产瓜果蔬菜降低成本。第五，妥乐村可以开发特色农产品，特别是围绕银杏这一重要资源，如可以将银杏叶加工生产银杏茶，精心包装白果进行售卖，将银杏叶加工为工艺品赠送给游客作为纪念品等。

（三）加强旅游配套设施建设

当前，妥乐村旅游基础设施仍满足不了游客的需求，需要加强村中的旅游配套设施建设。在停车位不够的问题上，妥乐村可适当增加停车位修建，满足游客在旅游旺季停车的需求，同时需专职人员对停车位进行管理协调，防止出现乱停乱放的问题。在住宿条件上，加强对酒店特别是民宿的管理，完善住宿设施，满足游客住宿的需求，提升住宿体验。在其他设施建设上，需要对村中照明设施进行更换检修，满足留宿游客照明的需要；同时，需在村中每间隔一定距离放置分类垃圾桶并张贴环保标语，安排专门的卫生人员定期对景区进行打扫。

（四）强化生态环境和旅游资源的保护

妥乐村乡村旅游的快速崛起也对旅游资源和生态环境带来了负面影响。因此，需要加强生态监管，根据村中自然条件规划好村中旅游建设及相关设施建设，尽量减小对生态环境的破坏。同时，在旅游资源的保护上，要对一些重要文物古迹和建筑进行修缮保护，同时确保其原始风貌不受破坏，保留其历史文化特色。

六、参考文献

陈天富，2017. 美丽乡村背景下河南乡村旅游发展问题与对策［J］. 经济地理，37（11）：236-240.

陈萱琳，2021. 乡村振兴战略背景下湖北恩施州乡村旅游发展现状及对策研究［D］. 武汉：武汉轻工大学.

邓霄莺，2020. 乡村振兴战略下的乡村旅游经济发展研究——评《乡村旅游促进乡村振兴研究》［J］. 中国农业资源与区划，41（8）：120-134.

黄颖祚，王姗，2022. "双碳"背景下我国乡村旅游发展的时代要义及创

新路径 [J]. 甘肃社会科学，3：218-228.

黄祖辉，宋文豪，成威松，等，2022. 休闲农业与乡村旅游发展促进农民增收了吗？——来自准自然实验的证据 [J]. 经济地理，42（5）：213-222.

李涛，刘家明，刘锐，等，2004. 基于"生产-生活-生态"适宜性的休闲农业旅游开发 [J]. 经济地理，2（6）：169-176.

林楠，罗永忠，2021. 传统村落旅游开发价值与现状研究——以贵州省盘州市妥乐村为例 [J]. 热带农业工程，6：79-83.

林铄脉，李立华，黄茄莉，2019. 基于旅游体验和扶贫功能导向的山区景点购物者分类研究——以泸沽湖景区为例 [J]. 山地学报，37（5）：758-767.

卢小丽，成宇行，王立伟，2014. 国内外乡村旅游研究热点——近 20 年文献回顾 [J]. 资源科学，36（1）：200-205.

陆林，任以胜，朱道才，等，2019. 乡村旅游引导乡村振兴的研究框架与展望 [J]. 地理研究，38（1）：102-118.

罗文斌，雷洁琼，2020. 基于 IPA 方法的乡村旅游景观质量评价研究——以长沙市为例 [J]. 湖南社会科学，4：91-98.

吕学琴，胡家琼，许寻，2014. 妥乐古银杏村农耕文化背景下乡村旅游构建 [J]. 六盘水师范学院学报，3：5-9.

马晓龙，陈泠静，尹平，等，2020. 政府在推动乡村旅游投资中的作用：基于动态博弈的分析 [J]. 旅游科学，34（3）：13.

孟乐，2020. 全域旅游视角下乡村旅游资源的发展路径探讨——以山西省为例 [J]. 农业经济，4：52-54.

宋增文，陈瑾妍，周建明，等，2022. 乡村产业振兴背景下资源依托型特色村乡村旅游发展路径研究：以祁杨村为例 [J]. 中国农学通报，38（6）：158-164.

王晨光，2018. 集体化乡村旅游发展模式对乡村振兴战略的影响与启示 [J]. 山东社会科学，5：34-42.

王慧，刘佳欣，2020. 辽宁优质乡村旅游有效供给能力提升路径探析 [J]. 农业经济，8：55-57.

王蓉，黄朋涛，胡静，等 2019. 基于网络游记的婺源县乡村旅游体验研究 [J]. 资源科学，41（2）：372-380.

许春华，2020. "乡愁经济"视角下休闲农业与乡村旅游协同发展研究 [J]. 农业经济，8：66-68.

杨春柏，2022. 乡村振兴背景下乡村旅游可持续发展制约研究 [J]. 农业经济，1：65-67.

杨延风，马俊杰，2019. 基于属性层次分析模型（AHM）的乡村旅游餐饮服务质量的多主体评价实证研究 [J]. 中国农业资源与区划，40（2）：188-196.

岳春勤，2021. 妥乐古银杏村淡季体验式旅游项目开发策略 [J]. 旅游纵览，22：194-196.

张春琳，2012. 乡村旅游游客满意度及再次游览意向影响因素研究——来自贵州省西江千户苗寨的经验证据 [J]. 农业经济问题，33（1）：60-66，111-112.

朱长宁，汪浩，2021. 乡村振兴战略视域下乡村旅游供应链整合对策研究 [J]. 经济问题，12：75-81.

Hummelbrunner R.，Miglbauer E.，2013. Tourism promotion and potential in peripheral areas：The Austrian case [J]. Journal of sustainable Tourism，42（2）：41-50.

Jackie C.，2013. Rural tourism in Roznava Okres：a Slovak case study [J]. Tourism Management，22：193-202.

Knowd，2014. Tourism as a Mechanism for Farm Survival [J]. Journal of Sustainable Tourism，14（1）：24-42.

Martilla J，1977. Importance-Performance Analysis [J]. Journal of Marketing，1：77-79.

Sharpley R，2014. Rural Tourism and the Challenge of Tourism Diversification：the Case of Cyprus [J]. Tourism Management，23（3）：233-244.

第十一章 盘州市新民镇典型露地蔬菜生产的经济和生态效益评价

一、引言

（一）研究背景

中国农业统计年鉴（2021）提到截至 2020 年底，我国蔬菜年总播种面积已突破 2 133.26 万公顷，平均年总产量达到 74 912.90 万吨，成为除粮食之外的第二大农作物，产业发展势头强劲，整体正向产业化和规模化方向推进。张芬等（2020）、赵明炯等（2020）认为，我国蔬菜种类繁多且种植分布广泛，不同区域、不同品种间，可能因地理环境、资源禀赋、田间管理习惯等差异，导致生产过程中的经济投入产出和潜在环境影响迥异。因此，对特定区域蔬菜生产的生态效益、经济效益及其可持续发展潜力进行量化研究，对提高地区蔬菜生产的经济和生态效益具有重要的现实指导意义。

郭延景、肖海峰认为（2022）贵州作为中国典型的喀斯特高原山区，土地细碎分散。韩昭庆提到（2015）过去贵州全域一直以玉米种植为主，是当地种植面积最大的粮食作物，但是平均产量低且不稳定，在全国范围内长期处于比较劣势的地位，不利于区域农业健康发展和农民持续增收。目前，贵州农作物生产结构及区域布局已经发生了明显的变化，主要表现在传统低效玉米作物种植面积大幅度缩减，以高效蔬果茶、食用菌、中药材等为代表的特色经济作物种植面积和产量稳步提升。《贵州统计年鉴（2021）》提到，蔬菜作为近年来贵州省农业结构调整过程中种植面积最大、产量最高的特色经济作物，在持续推动农民增收方面取得了显著成效，但是具体的生态效益却不太明晰，亟待进行探究。

（二）研究目的

本章以贵州省典型蔬菜主产区农业生产强镇蔬菜种植户为研究对象，基于区域白菜、生姜、萝卜、辣椒、茄子 5 种特色优势单品蔬菜生产的微观调查数据，综合利用成本-收益经济分析方法、碳足迹和能值分析方法，从经济层面和生态层面对新民镇单位面积不同露地蔬菜作物生产系统的经济效益、碳排放和资源消耗情况进行定量化核算；然后结合碳足迹和能值评价结果构建蔬菜生产系统期望产出即单位产品能值转化和非期望产出即碳排放强度的生态效率评价模型，用以评估不同种蔬菜生产的生态效益表现；最后根据评价结果探析影响蔬菜生产和生态效益的关键投入要素，以期为新民镇优化小农户菜园生产管理水平，为贵州省其他地区评估蔬菜生产的经济与生态效益提供决策参考和方法借鉴。

(三) 国内外研究评述

目前，基于生命周期理论的碳足迹和能值分析方法在定量化评价蔬菜系统碳排放及资源环境可持续发展方面已日趋成熟，但是综合来看，还存在以下不足：

首先，在研究方法上，学者们研究蔬菜系统的生态效益大部分是单独采用能值分析或碳足迹评价方法，不同的方法只能关注到农业生产的某一方面。节能减排是推动我国农业向现代农业转型的重要因素，因此有必要同时考虑能源消耗和温室气体排放两个方面，评价蔬菜生产系统的生态效益。

其次，在研究内容上，学者们对我国蔬菜生产系统的环境影响研究多集中于平原农业发达地区，且大部分较多关注设施蔬菜，针对贵州高原山区特定区域露地蔬菜生产系统的研究相对缺乏。

最后，在研究视角上，分别基于经济、低碳和资源使用可持续视角评价蔬菜系统生态效益的研究较多，但由于视角单一，缺少对经济与生态两个方面的综合考虑，研究结果可能存在"顾此失彼"的情况。

(四) 研究内容

通过收集相关统计数据资料，阐述贵州省特色蔬菜作物的种植现状及其在农业经济发展中起到的作用，分析目前贵州蔬菜生产突出的特点和存在的问题，探讨贵州蔬菜生产未来面临的机遇和挑战；基于实地调研数据，从农业领域环境影响评价研究常用的生命周期理念出发，建立露地蔬菜作物"从摇篮到农田大门"整个生产过程具体的物质投入和产品产出清单数据库，综合运用经济投入产出分析法、碳足迹核算法和能值分析理论比较评价小农户常规生产方式下不同露地蔬菜作物种植的经济和生态效益表现差异；结合最终评价结果，运用敏感性分析方法确定影响露地蔬菜作物生态效益的关键因素，识别生产系统节能减排、提升效益的调控点并量化分析其潜力；最后提出有针对性的改进对策和建议，探究提升贵州地区特色蔬菜生产生态经济可持续发展的有效途径。

二、贵州蔬菜生产及发展现状

（一）贵州蔬菜生产现状

贵州地处西南腹地，虽然耕地分散，但山区立体性的农业生产气候和充足的自然降水条件，决定了贵州省在实施种植业结构调整战略的过程中，优先选择以具有较大发展潜能的特色蔬菜作物替代玉米生产。蔬菜有较高的比较经济优势，在过去玉米市场价格下行的重压下，贵州减少低产玉米生产转而扩大高效蔬菜作物种植的农业发展模式，能够在适应市场需求变化、提高农业经济效益、降低以农为主地区的农民增收难度方面发挥重要的"增长极"作用。

近年来，贵州省玉米及蔬菜作物的种植结构和产量结构变化，总体呈现出玉米播种面积和产量不断缩减，蔬菜作物持续增加的趋势。从年际变化来看，2010—2020年蔬菜生产的发展可以分为缓慢增加和迅速扩张两个阶段，并且发展过程中始终保持产量与播种面积一致变动的增长态势，而大田玉米作物生产则表现为阶段性变化。2015年前，玉米播种面积较高但单位面积产量远低于蔬菜作物；2015年，贵州省酝酿实施农业产业结构调整之后，玉米种植逐渐减少，蔬菜缓慢增加；2018年，玉米与蔬菜作物的种植面积和产量开始出现明显的变化，玉米种植面积开始大幅度减少，蔬菜作物替代种植迅速发展。截至2020年，玉米种植面积已调减到50.15万公顷，蔬菜作物已扩大到151.33万公顷，两种作物之间的种植比例关系从2010年的1.2∶1逐渐下降至2020年0.33∶1，说明长期以来贵州始终重视蔬菜在区域农业发展中的地位。

据《贵州省蔬菜产业发展规划（2021—2025年）》报告显示，目前贵州蔬菜生产除了大宗产品在数量上的明显增长之外，还深入聚焦发展地区特色优势单品包括白菜、萝卜、茄子、菜豆、生姜、山药、韭菜（黄）和佛手瓜，依托地区自身资源和特色优势重点培育了"黔菜"区域公共品牌。同时，为进一步推动蔬菜生产规模化发展，还利用区域海拔高差条件分地形、分时段纵深推广山地冷凉蔬菜种植，并在空间上布局高海拔夏秋蔬菜生产优势区和低海拔冬春保供蔬菜生产基地，贵州蔬菜生产的集群化发展特征日益突显。不仅如此，随着"两品一标"（有机食品、绿色食品和地理标志）特色蔬菜产品的大量涌现，贵州蔬菜生产认证取得了丰硕成果，已将提升蔬菜生产标准化和绿色化水平作为今后推进蔬菜产业高效发展的重点建设内容之一。

（二）贵州蔬菜生产存在的问题

虽然近些年贵州蔬菜生产取得了长足发展，但不可否认的是在小农户占比较大的蔬菜生产经营队伍中，要提高蔬菜生产的质量和可持续发展水平依然有诸多问题需要解决：

1. 过量施肥现象较为突出 据统计，贵州地区种植主要露地蔬菜作物单季每亩的化肥（折纯）施用强度依次为番茄＞马铃薯＞菜椒＞大白菜＞黄瓜＞茄子＞圆白菜＞豆角＞萝卜，平均可达到 32 千克/亩，明显高于玉米种植所投入的 22 千克/亩（图 11-1）。然而，在菜园作物栽培过程中，菜农盲目和随意施肥，势必引起集约化蔬菜生产系统产生较高的温室气体排放（张芬等，2020）。

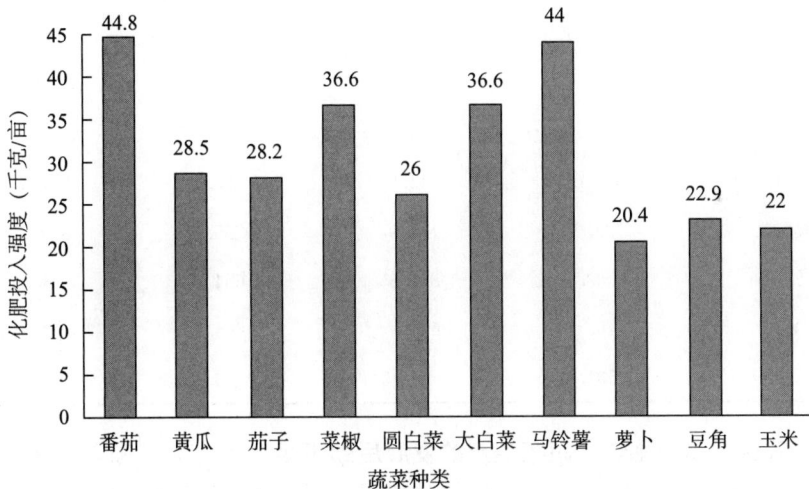

图 11-1　玉米与主要露地蔬菜作物生产的化肥施用强度

2. 蔬菜生产病虫害防治普遍以农药为主，影响蔬菜品质 在贵州地区，化学防治目前仍然是小农户生产者控制和减少菜园病虫草害发生的主要手段（熊肖雷，2021），且该生产主体年龄结构普遍偏大，知识水平较低，缺乏科学的用药理念和习惯，在农药喷施过程中配比稀释的随意性较大，农药施用次数较多，倾向于频繁、超量用药，导致生产资源的严重浪费。另一方面，虽然从短期来看施用农药能够起到有效防治菜园有害生物的作用，但是长此以往农药残留在一定程度上也影响了蔬菜生产的最终产品质量，使得蔬菜产业提质增效存在较大的不确定性。

3. 农户种植蔬菜可获得的比较经济收益逐渐下降 表 11-1 展示了 2015 年与 2020 年贵州省 9 种主要露地蔬菜作物产品每单位种植面积的生产

成本及利润变化。从单位生产投入成本来看，到 2020 年，除番茄和菜椒种植的投入成本费用略微下降外，其他各蔬菜生产的整体投入成本明显上涨，涨幅在 12.6%~85.2%，其中黄瓜种植的成本上涨最快、大白菜最慢。从可获得的利润水平来看，2015 年种植蔬菜平均可获得的利润为 2 048.9 元/亩，而 2020 年虽然增加到了 2 367.5 元/亩，但除菜椒、大白菜和圆白菜三个品种明显增加外，其余变化不明显，甚至种植番茄、黄瓜和茄子还有可能面临经济亏损的风险。由此可见，近年来贵州蔬菜种植的比较经济效益并不高。

表 11 - 1 2015 年和 2020 年主要露地蔬菜作物生产的每亩投入成本及产出利润

项目	2015 年		2020 年	
	利润（元）	成本（元）	利润（元）	成本（元）
番茄	4 240.0	1 812.5	2 779.4	1 515.6
黄瓜	2 145.1	1 097.8	—178	2 033.4
茄子	2 363.1	971.0	2 113.6	1 722.9
菜椒	1 968.7	1 224.8	3 054.9	1 030.2
圆白菜	960.0	714.6	3 525.3	811.9
大白菜	722.0	781.0	2 765.4	879.7
马铃薯	1 053.8	859.3	1 654.9	1 065.5
萝卜	2 456.6	684.9	2 665.1	1 028.4
豆角	2 531.3	1 247.5	2 926.9	1 828.8

4. 农业劳动力稀缺，蔬菜生产的发展后劲不足 近年来，随着贵州交通、经济和城镇化水平的快速发展，农村越来越多的青壮年劳动力不断向城镇第二、三产业转移，导致农业生产劳动力供给严重不足。仅 2020 年，贵州省第一产业从业人员就大约减少了 66 万人，年减少率达到 9.5% 《贵州统计年鉴（2021）》，而蔬菜产业是典型的劳动力刚需产业，菜园生产环节中的大部分采摘和农田除草工作仍然需要人工进行操作。如图 11 - 2 所示，目前在贵州，主要露地蔬菜生产平均每单位面积用工天数为 21.4 天，其中马铃薯种植最低，番茄最高，种植蔬菜的劳动力投入量几乎为玉米的 2 倍。此外，加上受自然地理条件的限制，贵州山区蔬菜生产的机械化水平较低（周丕东等，2020），与平原地区的其他蔬菜生产大省相比，机械替代劳动力生产的困难重重，严重制约了贵州蔬菜产业的可持续发展。

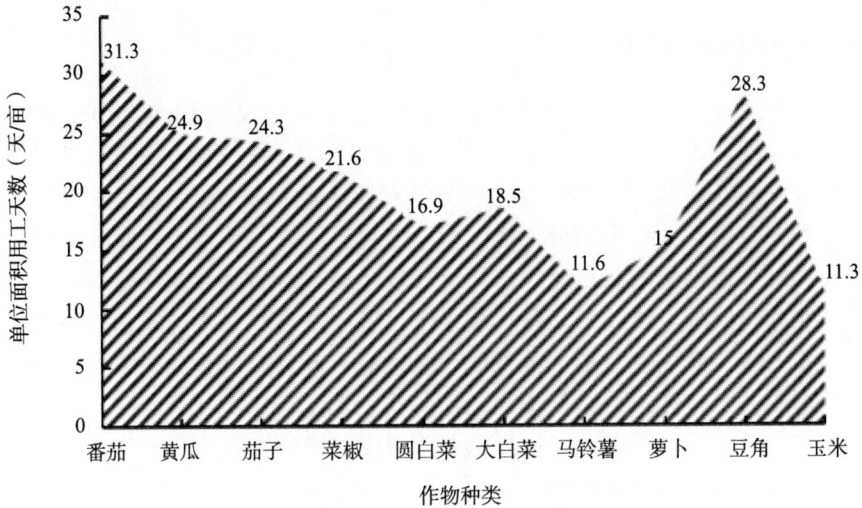

图 11-2 玉米与主要露地蔬菜作物生产的用工天数

（三）新阶段贵州蔬菜发展面临的机遇和挑战

1. 双循环新发展格局下贵州蔬菜生产迎来的机遇　2022 年 1 月，《国务院关于支持贵州在新时代西部大开发上闯新路的意见》指出，允许结合农业结构调整将符合条件的园地、灌木林恢复为耕地，大力发展现代山地特色高效农业，并支持贵州做优做精特色优势农产品，提高标准化、规模化、品牌化生产水平，畅通对内对外通道，主动对标国际高标准经贸规则，推动特色农产品出口。蔬菜作为贵州长期以来一直主推的特色优势产业之一，近年来发展增速明显，市场前景明朗，白菜、萝卜、韭菜、山药等特色优势单品已通过"黔货出山"产销对接机制，成功进入上海、广东等市场，并出口阿联酋、韩国、加拿大等国家，对于促进区域农业实现双循环具有重要意义。

2. 碳达峰碳中和目标下贵州蔬菜生产面临的挑战　国内外积极探索并发展农产品碳标签的实践，从长远来看必然对贵州稳定现有的国内蔬菜产品市场份额、推动特色蔬菜产品深度融入国际出口外贸合作带来更多的阻力和不确定性。因此，贵州在扩大和稳定蔬菜生产面积的同时，应该认识到双碳目标下国内国际农产品市场和贸易要求公开产品生产的碳排放信息时，本土蔬菜产品所面临的潜在竞争和挑战。

三、研究方案与评价方法

（一）研究调查方案

1. 新民镇基本情况　综合考虑地区生产数据的代表性以及调研工作顺利开展的可能性，本章以盘州市新民镇蔬菜种植户为调查对象。2022年，新民镇正式被农业农村部和财政部列入"全国农业产业强镇创建名单"。目前，新民镇已种植有玉米、红米两种主粮作物，生姜、烤烟、辣椒、石榴等多种特色经济作物，并根据不同农作物的自然生长规律和生命活动周期，规划发展长效主导产业和短期主导产业。其中，蔬菜作为短期主导产业之一，总播种面积已经达到1 147.6公顷，包括生姜693.8公顷、辣椒87.1公顷、其他种类蔬菜366.7公顷，产业发展已初具规模。此外，新民镇地形以山地为主，海拔高差较大，非常适合布局高海拔夏秋喜凉蔬菜和低海拔冬春喜温蔬菜种植。与此同时，喀斯特高原山区地块细碎、分散和生态环境脆弱的特点也决定了今后新民镇蔬菜生产必须走精品优质、绿色生态的发展之路。然而，从此次实地调研情况来看，当地蔬菜生产以农户居多，专门的企业及合作社较少且大都处于起步建设阶段，普通种植户强势的自主管理观念和不科学的生产行为在一定程度上影响着新民镇蔬菜产业的发展形式。因此，有必要对新民镇蔬菜种植户实际生产过程中的投入产出经济效益和生态效益进行科学全面的评价，以帮助决策者更清楚地了解农户生产现状，从而提高该镇蔬菜生产的管理组织水平和可持续发展水平。

2. 研究数据收集

（1）实地调查数据　根据研究目的，本章以蔬菜种植散户为调查对象，参考贵州总体规划的8种特色优势单品蔬菜（大白菜、萝卜、菜豆、茄子、韭黄、生姜、山药、佛手瓜），结合新民镇各类蔬菜现有的种植规模及分布情况，选取贵州省盘州市新民镇蔬菜作物种植面积最大且种植户分布最多的6个典型村庄（雨那村、林家田村、五嘎村、小石桥村、黑石头村和扒嘎村）作为调查地点，每个村选择2~3种蔬菜作物，调查采用实地走访和现场填写调查问卷的形式，收集研究所需要的农户生产投入、产出物质流和经济流原始数据。其中，考虑到农资及蔬菜产品价格受市场波动的影响，经济投入产出价格调查近三年数据并求取平均值。研究内容本次调查项目包括：播种、施肥、打药、灌溉、采收各生产环节劳动力、肥料、农药、地膜、农用机械燃油的消耗量及成本、每亩单位面积的产量和产值。所获得的全部数据经分析汇总后，剔除了数量较少、生产要素投入用量不完整以及投入结构和产量明显不合常理的样本，最后与国家有关部门统计数据、相关文献研究数据进行对比、补充和校对后加以使用。最终得到可进行分析的有效问卷共计 163 份，蔬菜作物种类 5 种，其中生姜 44 份、白菜 38 份、辣椒 32 份、萝卜 26 份、茄子 23 份（表 11-2）。

表 11-2　蔬菜调查类别及样本分布情况（户）

蔬菜种类	生姜	白菜	辣椒	萝卜	茄子
调查样本数	44	38	32	26	23

（2）资料获取　本研究中能值评价所涉及的气象资料来自中国气象数据共享网（http://data.cma.cn/），区域具体的实际补充数据来自贵州省气象局（http://gz.cma.gov.cn/）；能量转化系数、能值转化率等数据资料来自相关书籍（陈卓等，2011；Odum，1996；蓝盛芳等，2002）和文献（赵琳琪、陈源泉，2020；钟颖等，2021；徐强，2020）；自然资源能量计算过程及参数来自相关文献（王小龙，2018；郭婷等，2021；陈起伟等，2020；刘彦伶等，2019）；碳足迹评价所需要的相关碳排放参考系数均来自文献资料，详见表 11-3。

表 11-3　各环节投入的资源要素碳排放系数

项目	单位	碳排放因子	参考文献
人力劳动	天	0.86	（刘巽浩等，2013）
柴油	升	3.10	（严圣吉等，2021）
氮肥	千克	2.12	（陈舜等，2015）
磷肥	千克	0.64	（陈舜等，2015）
钾肥	千克	0.18	（陈舜等，2015）
农家肥	千克	0.03	（胡亮等，2016）
农膜	千克	0.10	（Liang 等，2019）
农药	千克	21.30	（陈舜等，2016）
电力	千瓦时	0.99	（胡亮等，2016）

（二）经济效益评价方法

经济效益分析揭示了农户种植蔬菜的经济可持续性问题，能够较为直观地被生产者、消费者和政策制定者所理解。因此，为反映研究对象的经济特征，本研究使用单位面积现金收益、单位面积净利润以及能够尽量减少销售环节不确定性和市场价格短期波动影响的投入产出比三个经济指标，对农户种植不同蔬菜的经济效益进行简要分析，具体计算公式为：

$$Cost_i = \sum A_{n,i} \times P_n$$
$$Profit_i = P_i \times Y_i$$

$$Benefit_i = Proit_i - Cost_i$$

$$I_i = \frac{Cost_i}{Proit_i}$$

式中，i 表示不同的蔬菜种类，为生姜、白菜、辣椒、萝卜和茄子；$Cost_i$ 代表不同蔬菜作物生产的总成本投入；$A_{n,i}$ 代表购买投入的第 n 项农业生产资料，包括种子、化肥、农药、农膜、电力、柴油、厩肥；P_n 代表第 n 项农业生产资料的价格；$Profit_i$ 代表单位面积现金收益；P_i 代表第 i 种作物产品的市场平均价格；Y_i 表示单位面积产量；$Benefit_i$ 表示经济利润（元）；I_i 代表经济投入产出比值。

（三）生态效益评价方法

1. 碳足迹核算 本研究根据生命周期评价原则，分别选取每亩单位面积、每千克单位鲜质产品重量和每单位面积经济产出作为蔬菜生产碳足迹核算的功能单位。随后，将整个系统边界确定为种植系统上游农资生产环节和种植系统内部农作物生产环节。其中不包括农作物收货后"下游"农产品加工、包装、运输、销售和废弃物处理阶段，主要原因是该阶段类目复杂，通过短期的面对面问卷调查方式难以追溯到具有支撑性的量化研究数据；同时，已有研究证实从农业生产到膳食消费全生命周期产生的碳排放构成中有 79% 来源于农业生产阶段即从摇篮到农田的生产过程（Poore 和 Nemecek，2018）。

具体而言，农资生产环节的温室气体排放来自化肥、农药、农膜、电力、柴油、厩肥等农用生产资料生产过程中产生的间接排放；农作生产环节的温室气体排放包括整地、播种、采收等农事操作过程中人力劳动和柴油燃烧直接产生的 CO_2 排放，以及农作物生长肥料施用过程中引起的农田 N_2O 排放，可分为土壤硝化和反硝化作用直接产生的 N_2O 排放、NO_3^- 淋失和 NH_3 挥发间接产生的 N_2O 排放。实验研究表明，在非水淹条件下的旱地作物生产系统中，CH_4 的排放量极少，可以忽略不计（刘巽浩等，2014；邢光熹、颜晓元，2000；Wang 等，2018），因此本研究主要考虑的蔬菜地温室气体排放是 CO_2 和 N_2O，对 CH_4 不做分析，具体计算公式如下：

$$GHGE_{input} = \sum (G_n \times \beta_n)$$

$$GHGE_{field} = (W \times \beta_w) + (L \times \beta_L)$$

$$E_{N_2O} = N_2O_{direct} + N_2O_{indirect}$$

$$N_2O_{direct} = Nt \times 0.73\% + 0.75$$

$$N_2O_{indirect} = NV_{NH_3} \times 1\% + NL_{NO_3^-} \times 2.5\%$$

$$NV_{NH_3} = Nt \times 0.18 + 5.51$$

$$NL_{NO_3^-} = Nt \times 0.017 + 0.38$$

$$TCH_i = GHGE_{input} + GHGE_{field} + E_{N_2O} \times \frac{44}{28} \times 298$$

式中，$GHGE_{input}$ 表示农资阶段肥料、农药、柴油、电力、地膜等各投入要素资源通过工业制造产生的碳排放，其中生姜姜种为老姜，而其他蔬菜种子使用量较少，种子产生的碳排放可忽略；G_n 为第 n 种资源要素的投入数量；β_n 为各要素资源或活动强度的相关碳排放系数，见表 11-3；$GHGE_{field}$ 表示田间生产过程中劳动力活动和柴油燃烧排放的 CO_2；W 和 L 分别代表劳动力活动强度和燃油使用量；E_{N_2O} 为农作过程中氮肥（折纯）施用农用地产生的 N_2O 排放总量，包括直接排放（N_2O_{direct}）和间接排放（$N_2O_{indirect}$）；N_2O_{direct} 表示农田施氮引起的土壤直接 N_2O 排放；Nt 表示菜园实际施氮量；$N_2O_{indirect}$ 表示农田氨挥发和硝酸盐淋洗的 N 损失量；1% 和 2.5% 分别为施氮量中挥发出的 1% 的氨气和施氮导致蔬菜作物根际区域向环境流失 2.5% 的硝态氮，参考王孝忠（2018）对我国露地蔬菜作物生产构建的农田 N 损失估算模型；TCE_i 表示单位面积生产第 i 种蔬菜作物产生的碳排放总量；$\frac{44}{28}$ 是 N_2 对 N_2O 的分子转化系数（IPCC，2014）；298 是 100 年尺度上 N_2O 等量于 CO_2 的全球潜在增温趋势（IPCC，2014）。

源于生态足迹的概念，碳足迹方法核算农业生产活动的碳排放通常以单位面积为计量基础，得出的评价结果往往容易忽视农业生产的产品和经济目标，因此，本研究在计算单位面积典型露地蔬菜作物生产碳排放强度的基础上，参照目前已有研究的做法，也将单位产量和单位经济利润碳足迹纳入其中，分别用以衡量各蔬菜生产系统的物质、经济产出与环境潜在影响之间的关系（图 11-3）。

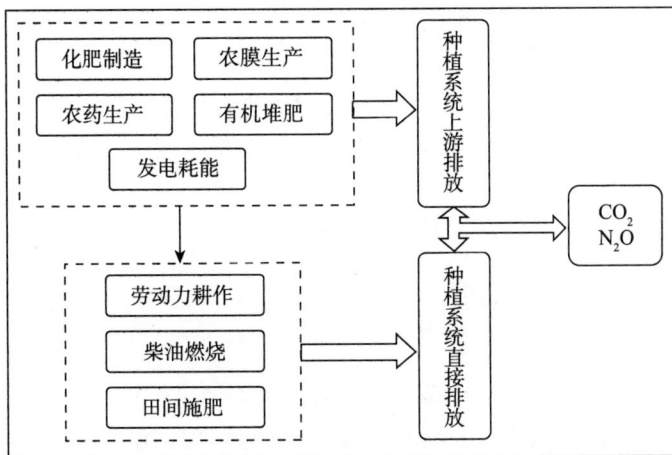

图 11-3　系统边界

$$CF_y = \frac{TCE}{Y}$$

$$CF_e = \frac{TCE}{B}$$

式中，CF_y 和 CF_e 分别代表单位产量碳足迹、单位经济效益碳足迹；Y 为单位面积作物产量；B 为单位面积经济利润。

2. 能值评价 本研究按照能值分析的一般步骤，建立能值评价指标对菜园生产系统进行生态经济可持续性分析。

首先，根据蔬菜种植的实际投入产出情况，把蔬菜产品归入能值产出，将输入生产系统的所有能量来源进行分类，主要划分为自然环境资源和社会经济资源。自然资源包括可更新（R）的太阳能、风能、雨水化学能和不可更新（N）的表层土壤损失能，由于自然可更新能值投入是地球循环过程的同一复合产物，因此为避免重复计算，最终评价仅考虑数值最大的一项能值流（Brown 和 Ulgiati，2016），具体计算公式如下：

太阳能值＝年平均辐射量（4.62×10^9 焦/米²）×农作物种植时间全年占比×（1%～20%的地表反射率）×农作物每单位种植面积（亩）×能值转化率（1.00 太阳能焦耳/焦）

风能值＝风力动能高度（2 米）×空气密度（1.23 千克/米³）×涡流扩散系数（2.01 米²/秒）×风速梯度（3.15×10^7 秒）×农作物每单位种植面积（亩）×能值转化率（6.23×10^2 太阳能焦耳/焦）

雨水化学能值＝农作物生长期平均降水量（米）×雨水吉布斯自由能（4.94×10^3 焦/千克）×雨水密度（1 000 千克/米³）×农作物每单位种植面积（亩）×能值转化率（2.35×10^4 太阳能焦耳/焦）

土壤表层损失能值＝土壤侵蚀率（341 克/米²）×单位质量土壤有机质含量（3.59%）×有机质能量（2.90×10^4 焦/克）×农作物每单位种植面积（亩）×能值转化率（6.25×10^4 太阳能焦耳/焦）

社会经济资源包括可更新（r）的生物有机能（种子、劳动力、粪肥）和不可更新（F）的工业辅助能（化肥、农药、农膜、电力、柴油等），其中各项投入资源的可更新比例系数参考王一超等（2019）、徐强（2020），具体计算公式如下：

$$Emergy_i = \sum_{i=1}^{i=n} (UEV_i \times ei) \quad i = 1, 2, \cdots, n$$

式中，$Emergy_i$ 表示支持蔬菜生态经济系统生产的总太阳能值或产品产出能值；e_i 表示输入系统内的第 i 种物质、能量或服务输入流、输出系统的产品能量流；UEV_i 为第 i 种经济社会投入资源或产品的单位能值转化率，其中投入项目及农产品的相关能值转化率通过文献资料选择具体的特定参数，并根据 2016 年国际能值学会确定的最新能值基准（12.0×10²⁴ 太阳能焦耳/年）按比例进行确定，具体内容参见表 11－4。

表 11－4　蔬菜生产各投入项目能值转化率及参考来源

投入项目		单位	可更新比例	能量折算系数	能值转化率（太阳能焦耳/单位）	参考来源
可更新生物有机能投入	种子	焦	1	$1.63×10^6$	$8.41×10^4$	（赵琳琪、陈源泉，2020）
	劳动力	焦	0.9	$1.26×10^6$	$3.80×10^5$	（唐荣莉等，2022）
	粪肥	焦	0.68	$1.35×10^7$	$2.05×10^4$	（徐强，2020）
不可更新工业辅助能值投入	氮肥	千克	0.05	—	$4.83×10^{12}$	（赵琳琪、陈源泉，2020）
	磷肥	千克	0.05	—	$4.96×10^{12}$	（赵琳琪、陈源泉，2020）
	钾肥	千克	0.05	—	$2.96×10^{12}$	（石飞等，2021）
	农药	千克	0	—	$1.62×10^{12}$	（石飞等，2021）
	农膜	千克	0.12	—	$3.80×10^{12}$	（唐荣莉等，2022）
	柴油	焦	0.05	$4.31×10^7$	$6.60×10^4$	（徐强，2020）
	灌溉电力	焦	0.81	$3.60×10^6$	$2.54×10^5$	（钟颖等，2021）
	农业机械作业	美元	0.05	—	$3.32×10^{12}$	（徐强，2020）
叶菜类	白菜	焦	—	$2.50×10^6$	$2.70×10^4$	（康虹、林惠花等，2014）
根茎类	生姜	焦	—	$2.50×10^6$	$2.70×10^4$	（康虹、林惠花等，2014）
	萝卜	焦	—	$2.50×10^6$	$2.70×10^4$	（康虹、林惠花等，2014）
茄果类	辣椒	焦	—	$2.50×10^6$	$2.70×10^4$	（康虹、林惠花等，2014）
	茄子	焦	—	$2.50×10^6$	$2.70×10^4$	（康虹、林惠花等，2014）

（左侧跨行标注：投入类别；产出）

注：氮肥、磷肥、钾肥为化肥投入折纯量；货币单位采用 2021 年人民币兑美元的年均汇率计算得到，即 1 美元＝6.45 元人民币；普通堆肥形成的农家肥（粪肥）有机质含量约为 5.81%（张福锁等，2009）。

其次，根据 Odum 创立的能流系统符号语言及规范（蓝盛芳等，2002），绘制详细的蔬菜生态经济系统能流示意图（图 11－4），为确保后续碳足迹与能值评价的联合研究，该部分的能流系统边界与碳足迹核算边界一致。

再次，根据能值转化率将各类别物质、能量或服务项目转化为可供比较的能流统一单位，编制系统投入产出能值分析表，以便支持后续分析评价。

最后，根据能值分析表中的各组投入产出能流数据，选用评价系统资源利

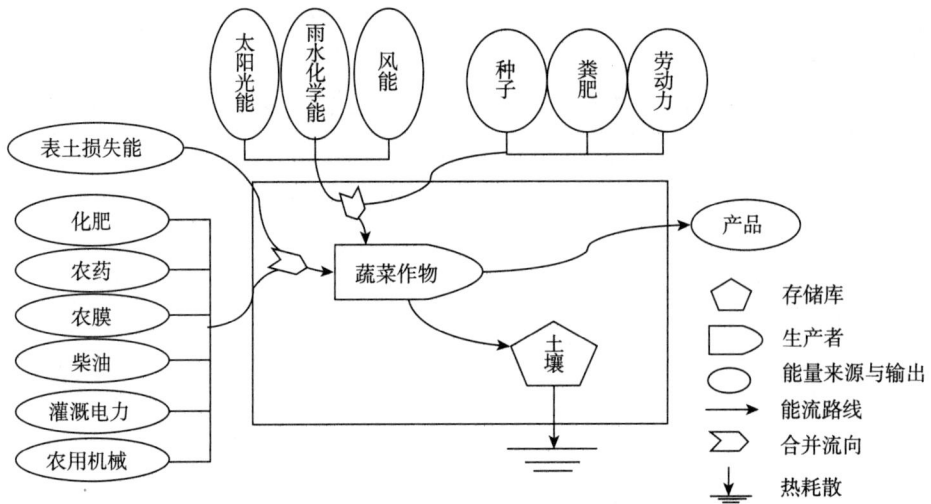

图 11-4 露地蔬菜生态经济系统

用效率和生产效率的单位产品能值转化率和净能值产出率 2 个指标，对小农户生产经营模式下的不同种蔬菜生态经济系统管理水平及可持续发展潜能进行判别。能值分析指标具体计算方法如下：

$$EV = \frac{F + N + R + r}{EO}$$

$$EYR = \frac{EY}{F + r}$$

式中，N、R、F 和 r 分别表示自然不可更新资源能值和自然可更新资源能值、社会经济不可更新工业辅助能值和可更新生物有机能值；EO 是蔬菜生产系统的总产出能量；EV 是单位产品能值转换率，表示系统生产每单位质量产品或服务所需要投入的能值，用来评价系统生产的资源利用效率，数值越大，说明系统资源利用效率越低；EY 指蔬菜生态经济系统产出能值；EYR 为净能值产出率，等于系统产出能值与社会经济可更新生物有机能和不可更新工业辅助投入能值的比值，该指标能够评价各蔬菜作物系统的生产效率、系统产出产品的经济竞争力以及系统能值投资回报率，EYR 越大说明系统生产效率越高、产出产品更具有经济竞争优势、系统能值投资回报率更高。

3. 基于能值与碳足迹耦合的生态效率分析 能值评价系统资源利用效率却忽视了潜在的环境排放影响，而碳足迹量化了系统碳排放但对自然环境资产的作用和消耗考虑不足。因此，为充分反映一定资源环境约束下蔬菜生产系统的生态表现，本研究基于农业生态学经济学原理在生命周期评价框架中，将能值评价和碳足迹两种方法进行耦合运用，一方面可以弥补各自方法在研究内容上的不足，另一方面能够将两种方法得到的分析结果进行有效的互补。计算方法是根据本文的研究目标，在参考王一超等（2019）研究成果的基础上改进得到的，具体如下：

$$EIOR = \frac{1}{EV}$$

$$UOE = \frac{1}{TCE \times H}$$

$$EE = EIOR^2 \times UOE$$

式中，$EIOR$ 表示生产系统的期望产出效率，是在能值评价方法测算结果的基础上得出，由单位产品能值转换率指标决定；EV 为单位产品能值转化率；UOE 表示生产系统的非期望产出效率；TCE 为系统碳排放量，H 是碳排放对应的生态环境潜在危害系数，具体为 7.93×10^{-9} 种/千克（Goedkoop 等，2008）；EE 指系统生产的生态效率，通过耦合期望产出效率和非期望产出效率得出。

（四）敏感性分析

本研究在得出露地蔬菜生产系统碳排放强度、资源利用水平和生态效率评价结果的基础上，分别对不同蔬菜作物生产的整个生命周期过程进行敏感性分析，以确定影响系统生态效益的关键投入变量，为最终优化菜园要素投入结构和制定生产管理改进措施提供合理的依据。

首先，对影响各蔬菜生产系统碳排放和单位产品能值转化率的单个不确定性投入要素或资源进行灵敏性测试，识别关键影响因子，具体模型如下：

$$SC = \left| \frac{(E_1 - E_0)/E_0}{(C_1 - C_0)/C_1} \right|$$

模型中，SC 为敏感性系数，其值越大，说明该因素对结果的影响程度越大，反之则越小；C_0、C_1 分别为主要生产资源投入参数变化前后的值；E_0、E_1 分别是主要影响因素变化前后相对应的模型输出结果。

四、新民镇典型露地蔬菜生产的生态与经济效益评价

（一）典型露地蔬菜生产投入产出分析

1. 新民镇蔬菜种植户现状　农户作为菜园农事活动的最直接管理者，其个人情况及生产经营习惯是影响蔬菜种植效率的最直接因素（王欢，2018）。

因此，了解普通蔬菜种植户的基本特征及生产现状，有利于后续分析农户菜园生产的管理水平及问题。由于个别受调查对象在近三年内同时种植有本研究拟选择分析的两种及以上蔬菜品种，因此对此类蔬菜种植散户的调查可以同时开展，最终总调查对象为136人，如表11-5所示。

（1）农户基本特征　从年龄及性别分布来看，从事蔬菜种植的群体主要是40～60岁的中老年劳动力，占总调查人数的93.4%，平均年龄为53.2岁，并且种植主体中女性较多、男性偏少，反映出新民镇蔬菜生产劳动力供应不足的问题突出，与全省乃至全国农村劳动力老龄化和妇女化的趋势相似。从受教育程度来看，小学文化水平的人数最多，集中在40～50岁，占比46.3%；未接受过文化教育的人数次之，占比为42.6%；具有初中文化水平的人数占10%；文化程度为高中的种植户仅有1人，并且是村主任，说明从事蔬菜种植的农民，文化程度普遍不高，对今后推广新生产技术和提高新民镇整体蔬菜生产效率不利。从从事的职业类型来看，种植蔬菜农户大多数都是以农业为主要职业，占86%；农业兼业的农户较少，占比仅为14%。可见，新民镇作为区域典型的农业产业强镇，农业是支柱产业，农业经营性收入是农民经济收入的主要来源。因此，大力发展蔬菜种植对促进当地农村发展和农民增收具有重要意义。

（2）种植现状　从种植面积及种菜年限来看，种植面积在2～4亩的农户占50.7%，4～6亩的占13.2%，2亩以下的农户占33.1%，6亩以上的占3%，大部分农户蔬菜种植规模较小；但总体上种菜年限较长，有3～6年或大于6年种菜经验的农民占到总调查人数的84.6%，种植年限小于3年的农民仅占15.4%。由此说明，农户小而分散的传统蔬菜生产模式很可能会成为制约新民镇蔬菜产业整体实现规模化和标准化发展目标的重要因素。从种类选择依据来看，农户选择蔬菜品种的原因较多，其中最主要的是市场价格和产量，有59.6%的农民会选择种植市场前景较好且产量较高的蔬菜；其次是农户自己已经种植过的或者是当地农业发展公司正在种植并推荐的品种，分别占23.5%和8.1%；最后是选择种植生长周期短、采收方便、病虫害发病率较低蔬菜的农户，总计占8.8%。因此，当地政府在引导农户种植蔬菜的过程中，需要综合考虑所推广的蔬菜是否符合高预期收益和高产量两个特征。从种植技术获得来源来看，当农户在种植过程中偶然遇到难以解决的问题时，大部分农户选择与同村种植大户或种植能手交流生产经验，占34.6%；主动向当地的蔬菜种植公司技术人员和政府农技推广人员咨询的农户分别占9.6%和19.1%；自己寻找解决方案的农户占36.8%。这说明农户的各种蔬菜种植技术来源途径中，经验传授占据主导地位，产业发展仍然需要重视农技推广宣传与服务工作。

表 11－5　被调查对象的基本特征及种植现状

基本特征				种植现状			
类型	选项	人数（人）	比例（%）	类型	选项	人数（人）	比例（%）
性别	男	44	32.4	种植面积	2 亩以下	45	33.1
	女	92	67.6		2～4 亩	69	50.7
年龄	30 岁以下	0	0.0		4～6 亩	18	13.2
	30～39	9	6.6		6 亩以上	4	2.9
	40～49	42	30.9	种菜年限	3 年以下	21	15.4
	50～59	56	41.2		3～6 年	68	50.0
	60 岁及以上	29	21.3		6 年以上	47	34.6
受教育程度	未上过学	58	42.6	种类选择依据	产量及价格	81	59.6
	小学	63	46.3		长期种植	32	23.5
	初中	14	10.3		农业公司推荐	11	8.1
	高中	1	0.7		品种特征	12	8.8
	大专及以上	0	0	技术来源	种植大户或能手	47	34.6
从事职业	纯农业	117	86.0		公司技术人员	13	9.6
	农业兼业	19	14.0		政府农技推广人员	26	19.1
					自己探索	50	36.8

2. 典型露地蔬菜生产物质投入产出情况　根据蔬菜种植户菜园生产管理实际，对种植同一种蔬菜作物的农户生产投入产出数据进行加权算术平均，最终整理得到新民镇微观层面不同种蔬菜生产的总体水平，见表 11－6。

表 11－6　单位面积（亩）不同种类蔬菜生产系统的物质投入与产出水平

项目	种类				
	叶菜类	块茎类		茄果类	
	白菜	生姜	萝卜	辣椒	茄子
种子（千克）	0.15	225.00	0.08	0.03	0.05
人力劳动（天）	18.54	15.50	12.76	23.47	29.96
尿素（千克）	60.00	73.60	20.50	40.00	26.20
过磷酸钙（千克）	4.77	16.81	1.76	—	0.09
硫酸钾（千克）	0.81	1.33	—	—	0.74
复合肥（千克）	25.00	83.15	40.00	92.56	34.52
农膜（千克）	0.71	—	—	16.00	9.43

项目	种类				
	叶菜类	块茎类		茄果类	
	白菜	生姜	萝卜	辣椒	茄子
农药（千克）	1.20	0.10	0.40	0.70	1.03
厩肥（千克）	1 500.00	1 000.00	800.00	1 000.00	1 750.00
柴油（升）	4.51	4.20	3.92	2.17	8.93
电力（千瓦时）	4.75	—	—	1.83	—
产量（千克）	1 866.35	1 550.00	1 620.30	1 300.00	1203.47

注：尿素含 N 量为 46%，过磷酸钙含 P 量为 16%，硫酸钾含 K 量为 60%，复合肥 N、P、K 含量分别为 15%、15% 和 15%；厩肥中 N 的含量为 0.35%（张福锁等，2009）。

对比农户生产不同种蔬菜作物的投入产出清单发现：①除了以根茎进行繁殖的生姜外，每单位面积白菜、萝卜、辣椒、茄子生产所需要投入的种子量都很少，物质输入微乎其微；②蔬菜生产过程中所需要的养分主要来源于尿素、复合肥和农家肥，而且农户种植蔬菜有施用农家肥的习惯；③对各类菜园进行生产管理均需要投入大量的劳动力，且种植茄果类蔬菜（辣椒、茄子）相对投入较多；④种植不同种类的蔬菜都会消耗用于整地的柴油，用于防治病虫害的农药；⑤各蔬菜作物生产，白菜、生姜、辣椒单位面积产量偏低，萝卜产量较高，茄子次之。表明在同一生产经营模式下，不同蔬菜种类之间存在一定的资源利用差异，主要体现为肥料用量和单位产量差别。

（二）经济效益评价

如前所述，经济效益是菜农选择种植何种蔬菜作物的直接影响因素之一。因此有必要对农户种植的不同种蔬菜进行成本、收益、利润及经济投入产出效率估算。

1. 成本投入分析　由表 11 - 7 可知，农户常规种植模式下白菜、生姜、萝卜、辣椒和茄子 5 种优势单品蔬菜的单位面积生产成本分别是 441.65 元/亩、933.51 元/亩、314.57 元/亩、578.06 元/亩和 403.53 元/亩，平均达到 534.3 元/亩，其中生姜最高、萝卜最低，前者相当于后者的 2.97 倍。在所有的生产投入项目中，购买化肥的成本支出占比最大，分别为各类蔬菜生产总成本投入的 68.42%、56.73%、60.60%、70.78% 和 48.87%。农户向菜园大量投入化肥的生产行为极易导致蔬菜种植成本的增加，影响单季蔬菜生产的盈利水平。因此，需要政府积极引导蔬菜种植户控制单位面积化肥投入，进而减少种菜的总成本，提高经济收入。

表 11-7 单位面积（亩）不同种蔬菜生产的各农资投入（服务）价格及成本

农资（服务）	单价	蔬菜种类				
		白菜	生姜	萝卜	辣椒	茄子
尿素	3.75 元/千克	225.00	276.00	76.88	150.00	98.25
过磷酸钙	1 元/千克	4.77	16.81	1.76	—	0.09
硫酸钾	3 元/千克	2.43	3.99	—	—	2.22
复合肥	2.8 元/千克	70.00	232.82	112.00	259.17	96.66
农膜	3.75 元/千克	2.66	—	—	60.00	35.36
农药	7.5 元/千克	8.99	0.75	3.03	5.25	7.75
柴油	9.2 元/升	41.52	38.64	36.10	19.96	82.20
电力	0.48 元/千瓦时	2.28	—	—	0.88	—
机械整地	72 元/亩	72.00	72.00	72.00	72.00	72.00
白菜种子	80 元/千克	12.00	—	—	—	—
姜种	1.3 元/千克	—	292.50	—	—	—
萝卜种子	160 元/千克	—	—	12.80	—	—
辣椒种子	360 元/千克	—	—	—	10.80	—
茄子种子	180 元/千克	—	—	—	—	9.00
成本	—	441.65	933.51	314.57	578.06	403.53
产品价格	元/千克	1.00	2.00	1.20	1.80	1.60

2. 收益及利润分析　经计算得出单位面积蔬菜生产的现金收益和净利润，如图 11-5 所示。从经济产出效益来看，农户种植 5 种不同蔬菜作物由高到低可获得的现金收益依次为：生姜（3 100 元）、辣椒（2 340 元）、萝卜（1 944.36 元）、茄子（1 925.55 元）和白菜（1 875.52 元）。同时，从净利润来看，单位面积上种植生姜获得的净利润也最高，为 2 166.49 元/亩；其次是辣椒，为 1 761.94 元/亩；而其余的 3 种蔬菜生产利润在 1 433.87～1 629.79 元/亩。可见，两组数据均表明种植生姜和辣椒的经济效益更好。但是根据成本和收益结果，计算得到的经济投入产出率依次为：生姜（0.30）＞辣椒（0.25）＞白菜（0.24）＞茄子（0.21）＞萝卜（0.16）。说明虽然农户种植生姜和辣椒能够获得最高的比较收益和利润，但是投入的总成本也相对较高，在经济上属于高投入高产出生产系统，整体经济效率仍需进一步优化提升。在本研究中传统、分散的小农户常规蔬菜种植模式，每亩现金收益和利润均偏高的主要原因之一是：通常农户在核算自身农业生产的经济效益时，往往更重视单

位面积产量最终呈现的产值结果即现金收益，而对生产过程中包括劳动力投入、土地经营等所产生的成本关注较少。

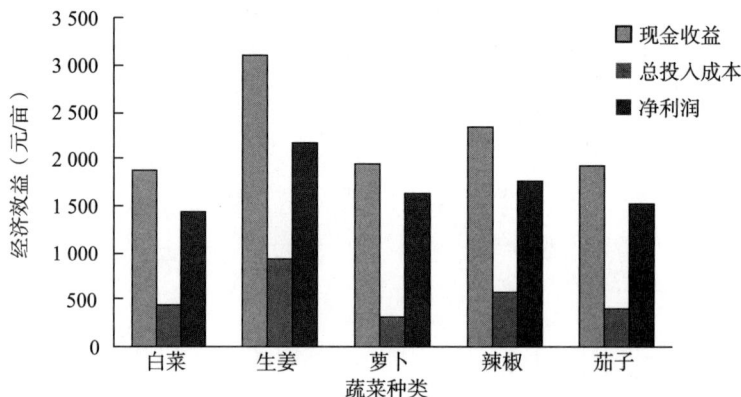

图 11-5　农户种植不同种类蔬菜的经济效益比较

（三）生态效益评价

1. 碳排放核算　由图 11-6 可知，农户种植 5 种不同类型露地蔬菜作物的单位面积（亩）碳排放强度具有一定差异，由大到小依次是生姜（748 千克 CO_2 当量）、白菜（695.6 千克 CO_2 当量）、辣椒（671.6 千克 CO_2 当量）、茄子（631.0 千克 CO_2 当量）和萝卜（531.9 千克 CO_2 当量）。整体上，农户种菜产生的碳排放较高，平均排放量可到达 655.6 千克 CO_2 当量，其中生姜的排放量最高，分别比白菜、萝卜、辣椒、茄子 4 种蔬菜作物生产高出 7.5%、40.6%、11.4% 和 18.5%。而蔬菜作为需肥量较高的大田经济作物，在生产过程中实际的肥料投入情况与系统的环境友好性表现高度相关。从各蔬菜生产系统的总碳排放构成来看，可将生产过程中的碳排放来源分为三个部分，其中菜园肥料施用引起的土壤 N_2O 排放是最主要的贡献源，包括土壤直接排放和间接排放，平均每单位面积（亩）高达 503.1 千克 CO_2 当量，且不同蔬菜作物生产之间该部分的排放量占比差异性不大，比重分别为白菜 74.8%、生姜 77.4%、萝卜 82.4%、辣椒 76.9%、茄子 73.1%。进一步细分施肥内容，尿素和复合肥是提供蔬菜生长的主要氮素来源，不同蔬菜栽培的单位面积（亩）用量分别是白菜 31.35 千克、生姜 46.33 千克、萝卜 15.43 千克、辣椒 32.28 千克和茄子 7.23 千克，其中生姜和辣椒的氮投入量最高。其次是与肥料施用相关的农资生产环节，化肥制造与农家肥堆肥产生的平均碳排放，相应分别占到白菜、生姜、萝卜、辣椒、茄子生产系统总排放量的 16.6%、18.8%、11.6%、16.4% 和 14.8%。其余部分是农作环节播种、除草、收获等田间农事活动、机械整地柴油燃烧以及种植系统上游农膜、农药、电力生产耗能产生的碳排放，总计占比较小，在不同蔬菜生产中的具体占有比例分别为白菜8.7%、生姜3.8%、萝卜6%、辣椒6.7%、茄子12.1%。

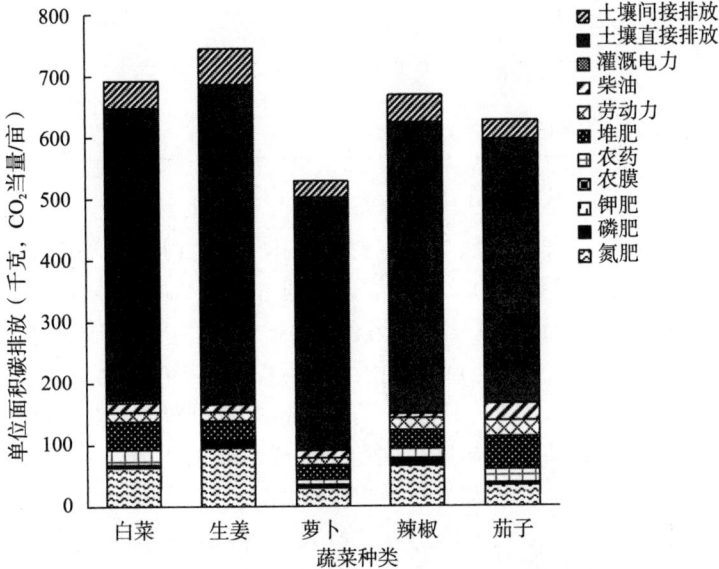

图 11-6　单位面积不同种蔬菜生产碳排放

与单位面积碳排放不同，单位产量和利润碳足迹指标能够从农业系统物质生产力和经济生产力的角度，更为深入地理解蔬菜生产与环境影响之间的关系。如表 11-8 所示，当以单位面积产量为功能单位时，计算得到白菜、生姜、萝卜、辣椒和茄子 5 种典型露地蔬菜作物生产的碳足迹结果依次为茄子＞辣椒＞生姜＞白菜＞萝卜，意味着农民每生产 1 千克的茄子、辣椒、生姜、白菜和萝卜产品将分别产生 0.53 千克 CO_2 当量、0.52 千克 CO_2 当量、0.48 千克 CO_2 当量、0.37 千克 CO_2 当量和 0.33 千克 CO_2 当量的碳排放。可见，虽然生姜单位种植面积碳排放强度最大，但同时单位产量也相对较高，具有一定的比较优势，从而表现为较低的单位产量碳足迹；而露地茄子单位种植面积碳排放虽不高，但单位面积产量却最低，因此导致单位产量碳足迹最高。同样，当基于单位经济产出利润为碳足迹评价的功能单位时，蔬菜作物的单位经济效益碳足迹由单位种植面积碳排放与可获得的经济利润共同确定。各蔬菜生产碳足迹依次为白菜（0.49 千克 CO_2 当量/元）＞茄子（0.41 千克 CO_2 当量/元）＞辣椒（0.38 千克 CO_2 当量/元）＞生姜（0.35 千克 CO_2 当量/元）＞萝卜（0.33 千克 CO_2 当量/元），这说明当考虑农户蔬菜生产的经济行为时，碳足迹在 5 种露地蔬菜作物之间又会表现出不同的差异，其中单位种植面积经济利润最低但碳排放较高的白菜碳足迹明显增加，而单位面积碳排放较高且经济利润也相对可观的生姜和辣椒碳足迹显著降低。

表 11-8　各蔬菜作物生产的碳足迹评价指标

碳足迹评价指标	蔬菜种类				
	白菜	生姜	萝卜	辣椒	茄子
单位产量碳足迹（千克 CO_2 当量/千克）	0.37	0.48	0.33	0.52	0.53
单位经济效益碳足迹（千克 CO_2 当量/元）	0.49	0.35	0.33	0.38	0.41

2. 能值分析　由表 11-9 可知，每单位面积（亩）露地白菜生产的总能值投入为 2.75×10^{14} 太阳能焦耳，主要投入内容及类别分为两组即自然环境的免费能值、社会经济系统的反馈能值，分别占比 0.84% 和 99.16%；可更新资源、不可更新资源分别占比 12.05% 和 87.95%，经济反馈能值投入和不可更新资源在不同能值投入组别中的占比都是最高，表明白菜生产主要由经济输入资源和不可更新资源驱动；其中，不可更新工业辅助能投入占比最大，为 87.15%，包括氮肥、磷肥、钾肥、农药、农膜、柴油、灌溉电力及农业机械整地服务，而系统能值产出为 1.26×10^{14} 太阳能焦耳。在生姜生产系统中，总能值投入为 4.37×10^{14} 太阳能焦耳，投入能值构成中自然资源、社会经济资源占比分别是 0.70% 和 99.30%；可更新资源、不可更新资源投入分别占比 12.63% 和 87.37%，能值产出为 1.05×10^{14} 太阳能焦耳；系统主要依靠经济资源和不可更新资源，不可更新工业辅助能占总能值投入的 86.87%，包括 51.21% 的氮肥、17.21% 的磷肥、8.99% 的钾肥、0.04% 的农药、2.73% 的燃油和 6.69% 的农用机械服务。萝卜生产的总能值投入为 1.84×10^{14} 太阳能焦耳，总能值产出为 1.09×10^{14} 太阳能焦耳，能值投入结构分为 98.74% 的社会经济系统资源和 1.26% 的环境资源；10.38% 的可更新资源与 89.62% 的不可更新资源中，来源于社会经济系统的不可更新工业辅助能投入占比最高，为 88.42%。辣椒作物系统的能值投入、产出分别是 3.80×10^{14} 太阳能焦耳和 8.78×10^{13} 太阳能焦耳；辣椒生产极其依赖社会经济反馈能和不可更新资源，各自占比分别是 99.39%、92.79%，而自然资源和可更新资源组分仅占 0.61%、7.21%，不可更新工业辅助能是系统生产最主要的投入内容，已占到总能值投入的 90% 以上（92.21%）。茄子生产系统的能值投入总量为 2.96×10^{14} 太阳能焦耳，产出总量为 8.12×10^{13} 太阳能焦耳；能值投入来源同样分为自然资源和社会经济资源、可更新资源和不可更新资源两组，占比分别是 0.78%、99.22% 和 14.41%、85.59%；不可更新工业辅助能投入对茄子生产的贡献更大，占比为 84.84%。

总体来看，在能值投入、产出方面，小农户种植白菜、生姜、萝卜、辣椒和茄子 5 种典型露地蔬菜作物均表现出能值产出低于能值投入的高资源消耗特征，蔬菜生产低效且不可持续。在能值投入来源与组成方面，各蔬菜生产系统社会经济资源投入水平较高，均可达到 98% 以上，而对当地自然资源的开发、利用能力较差，能流贡献均不超过 1.5%，说明社会经济反馈能值投入是维持蔬菜生产系统运转的主要来源。对该类别能值投入结构进行分析可以明显看出，不同种蔬菜生产均表现为社会经济资源和不可更新资源投入占比最多的特点。不可更新工业辅助能是支持各蔬菜系统生产的主要能流，在总能值投入中的占比均在 85% 以上，说明各蔬菜生产可持续发展潜力及资源利用结构仍需要进一步提高和优化（表 11-9、图 11-7）。

表 11-9　各蔬菜生产系统的能值投入产出分析

项目		能值转化率（太阳能焦耳/单位）	太阳能值（太阳能焦耳）				
			白菜	生姜	萝卜	辣椒	茄子
可更新环境资源	太阳能	1.00×10	9.24×10^8	9.24×10^8	9.24×10^8	9.24×10^8	9.24×10^8
	风能	6.23×10^2	9.70×10^{10}	9.70×10^{10}	9.70×10^{10}	9.70×10^{10}	9.70×10^{10}
	雨水化学能	2.35×10^4	4.21×10^{10}	1.05×10^{11}	4.91×10^{10}	5.61×10^{10}	6.31×10^{10}
	小计		9.70×10^{10}	8.34×10^{11}	9.70×10^{10}	9.70×10^{10}	9.70×10^{10}
不可更新环境资源	表土损失	6.25×10^4	2.22×10^{12}	2.22×10^{12}	2.22×10^{12}	2.22×10^{12}	2.22×10^{12}
	小计		2.22×10^{12}	2.22×10^{12}	2.22×10^{12}	2.22×10^{12}	2.22×10^{12}
可更新生物有机能	种子	8.41×10^4	2.06×10^{10}	3.08×10^{13}	1.10×10^{10}	4.11×10^9	6.85×10^9
	人工	3.80×10^5	8.88×10^{12}	7.42×10^{12}	6.11×10^{12}	1.12×10^{13}	1.43×10^{13}
	粪肥	2.05×10^4	2.41×10^{13}	1.61×10^{13}	1.29×10^{13}	1.61×10^{13}	2.81×10^{13}
	小计		3.30×10^{13}	5.43×10^{13}	1.90×10^{13}	2.73×10^{13}	4.25×10^{13}
不可更新工业辅助能	氮肥	4.83×10^{12}	1.51×10^{14}	2.24×10^{14}	7.45×10^{13}	1.56×10^{14}	8.32×10^{13}
	磷肥	4.96×10^{12}	2.24×10^{13}	7.52×10^{13}	3.12×10^{13}	6.89×10^{13}	2.58×10^{13}
	钾肥	2.96×10^{12}	1.25×10^{13}	3.93×10^{13}	1.78×10^{13}	4.11×10^{13}	1.66×10^{13}
	农药	1.62×10^{12}	1.94×10^{12}	1.62×10^{11}	6.55×10^{11}	1.13×10^{12}	1.67×10^{12}
	农膜	3.80×10^{12}	2.70×10^{12}	—	—	6.08×10^{13}	3.58×10^{13}
	柴油	6.60×10^4	1.28×10^{13}	1.19×10^{13}	1.12×10^{13}	6.17×10^{12}	2.54×10^{13}
	灌溉电力	2.54×10^5	4.35×10^{12}	—	—	1.67×10^{12}	—
	农业机械费	3.32×10^{12}	3.14×10^{13}	2.92×10^{13}	2.73×10^{13}	1.51×10^{13}	6.22×10^{13}
	小计		2.40×10^{14}	3.80×10^{14}	1.63×10^{14}	3.51×10^{14}	2.51×10^{14}
总投入			2.75×10^{14}	4.37×10^{14}	1.84×10^{14}	3.80×10^{14}	2.96×10^{14}
产出			1.26×10^{14}	1.05×10^{14}	1.09×10^{14}	8.78×10^{13}	8.12×10^{13}

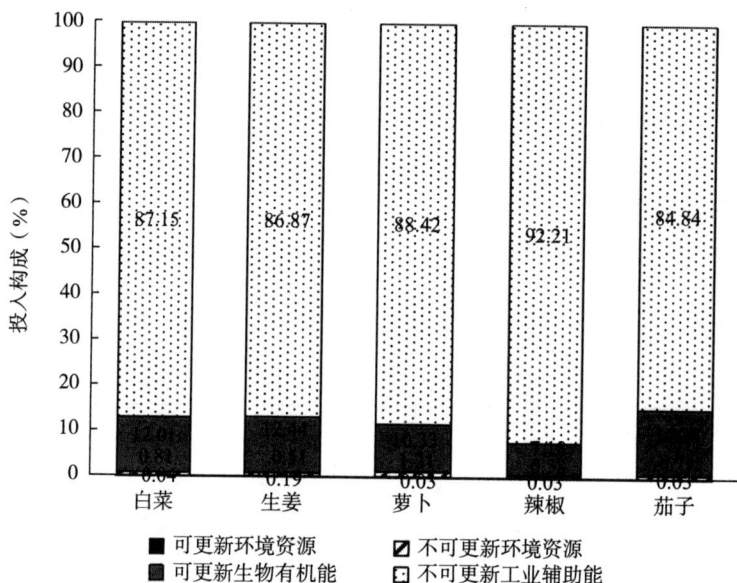

图 11-7　各蔬菜生产系统能值投入构成

此外，本研究选用单位产品能值转化率（EV）和净能值产出率（EYR）作为衡量各蔬菜生产系统资源利用效率和生产效率的主要分析指标，如表 11-10 所示。从系统资源利用效率来看，白菜、生姜、萝卜、辣椒和茄子生产系统的单位产出产品能值转化率分别是 5.89×10^4 太阳能焦耳/焦、1.13×10^5 太阳能焦耳/焦、4.54×10^4 太阳能焦耳/焦、1.17×10^5 太阳能焦耳/焦、9.82×10^4 太阳能焦耳/焦，表明 5 种典型露地蔬菜作物生产系统的资源利用效率表现依次为萝卜＞白菜＞茄子＞生姜＞辣椒，即萝卜生产系统的 EV 值最小，系统资源利用效率最高，系统每产出 1 单位质量产品所需要投入的能值最少；而辣椒生产系统的 EV 值最大，资源利用效率最低，产品生产需要投入的能值也最多。同时，从能值产出率来看，5 种露地蔬菜生产系统均低于全国农业生产 0.75 的平均水平（Lan 等，1998）。其中，辣椒的能值产出率最低，为 0.23；萝卜的最高，为 0.60；而其余 3 种蔬菜由高到低分别为白菜（0.46）、生姜（0.24）、茄子（0.28）。说明在系统生产效率、产品经济竞争力和系统能值投资回报率方面，萝卜表现最佳，其次是白菜，再次是茄子和生姜，辣椒则表现最差。因此，在新民镇，引导农户转变传统蔬菜生产习惯，改进常规蔬菜生产方式，是未来降低蔬菜生产系统社会经济资源投入、发挥区域环境资源优势、提高蔬菜生产效率和资源利用水平需要关注的重点。

表 11 - 10　各蔬菜生产系统能值分析指标

能值指标	蔬菜种类				
	白菜	生姜	萝卜	辣椒	茄子
EV（太阳能焦耳/焦）	5.89×10^4	1.13×10^5	4.54×10^4	1.17×10^5	9.82×10^4
EYR	0.46	0.24	0.60	0.23	0.28

3. 生态效率评价　结合碳足迹核算得到的单位面积碳排放结果和能值分析选用的单位产品能值转化率指标，从非期望产出和期望产出两个角度搭建可以测算各蔬菜生产系统生态效率的能值-碳足迹耦合评价模型。表 11 - 11 分别列出了白菜、生姜、萝卜、辣椒和茄子 5 种典型露地蔬菜生产系统的期望产出效率、非期望产出效率和生态效率。整体上，蔬菜生产的平均生态效率是 4.30×10^{-5}。其中，萝卜的生态效率最高，为 1.15×10^{-4}；其次是白菜，为 5.21×10^{-5}；生姜、辣椒、茄子分别为 1.33×10^{-5}、1.37×10^{-5} 和 2.07×10^{-5}。说明农户种植萝卜的生态效益较优，显著高于其他 4 种蔬菜作物，分别是白菜的 2.21 倍、生姜的 8.65 倍、辣椒的 8.39 倍和茄子的 5.56 倍。主要原因在于萝卜、白菜种植对农用化学品投入，尤其是化肥投入的依赖程度较小。因此，提高农户蔬菜生产的最终生态效益，必须针对不同种蔬菜作物的具体田间生产管理内容，从期望产出效率和非期望产出效率两个方面入手。

表 11 - 11　各蔬菜生产系统的生态效率比较

指标	种类				
	白菜	生姜	萝卜	辣椒	茄子
期望产出效率	1.70×10^{-5}	8.87×10^{-6}	2.20×10^{-5}	8.54×10^{-6}	1.02×10^{-5}
非期望产出效率	1.81×10^5	1.69×10^5	2.37×10^5	1.88×10^5	2.00×10^5
生态效率	5.21×10^{-5}	1.33×10^{-5}	1.15×10^{-4}	1.37×10^{-5}	2.07×10^{-5}

（四）小结

综合生态与经济效益评价结果，农户种植蔬菜总体的经济效益较好，但是高投入、高产出的生产方式使得区域蔬菜产业发展整体面临低资源产出效率和高环境代价的生态承载问题。因此，如何提升新民镇蔬菜生产系统的生态效益和可持续发展水平，是眼下该地区逐渐实现蔬菜规模化种植之后，继续向低碳化、绿色化和生态化生产转变必须解决的重要问题。通过比较 5 种不同蔬菜生产之间的经济和生态效益情况，发现虽然在单位土地面积上种植生姜和辣椒能够获得较高的现金收益和净利润，经济效益明显，但是生产单位产品的低资源利用效率和高碳排放不利于可持续经营。因此，新民镇在规划扩大生姜和辣椒种植面积时，必须考虑控制影响蔬菜生产系统生态表现的关键因素，从而实现产业经济、生态协调发展。

五、新民镇典型露地蔬菜生态经济可持续发展分析

由分析结果可知，新民镇农户种植 5 种典型露地蔬菜作物的经济效益较好，但是在生态表现方面，各蔬菜生产系统普遍存在碳排放较多，资源利用效率较差的共性问题，只不过由于不同类别蔬菜作物的生物属性、生长机理以及生产管理方式等差异，导致出现互不相同的结果。整体上，蔬菜生产的低生态效率明显不利于区域今后实现产业经济、生态可持续协调发展。因此，找到影响各蔬菜生产系统生态效率表现的关键投入要素，有助于掌握不同生产管理水平下各蔬菜系统的生态效益变化趋势，对促进生产方式转变、降低环境影响风险和提升区域产业生态效益具有极其重要的现实意义。

本研究采用单因素敏感性分析方法对白菜、生姜、萝卜、辣椒和茄子 5 种典型露地蔬菜生产系统的碳排放和资源利用效率进行灵敏性测试，以期通过分析不同要素投入水平下的系统增温贡献和资源消耗变化情况，识别出影响系统生态效益表现的关键因子，进一步探讨各蔬菜系统生产优化方向和可持续发展潜力提升途径。

（一）单因素敏感性分析

1. 典型露地蔬菜生产系统碳排放敏感性分析 基于 5 种典型露地蔬菜生产系统的物质投入清单，确定碳源投入构成，并假定引起系统碳排放的多个生产要素投入按照实际生产投入水平各增加或减少一定比例，然后进行单因素灵敏性测试，观察各蔬菜生产系统的单位面积碳排放强度变化幅度，进而分析各生产要素对系统碳排放的敏感程度，找到影响蔬菜生产的不确定性根源，结果如表 11 - 12 所示。假定蔬菜生产系统某一要素投入量相对实际量增减一定比例，而其他生产资料保持不变。在白菜生产系统中，化学氮肥投入的敏感性系数最高，为 0.296 40，而其余各投入要素则在 0.000 10～0.098 33，因此可以确定白菜种植过程中化学氮肥施用是引起系统碳足迹变动的主要因素。在生姜生产系统中，测试结果同样表明化学氮肥投入的敏感性系数最高，为 0.407 34。在其他 3 种蔬菜生产系统中，化学氮肥仍然是导致生产过程中单位面积碳排放总量产生较大波动的不确定性投入要素，其中对萝卜生产系统碳排放的影响程度是 0.190 77，对辣椒系统的影响是 0.316 11，而对茄子系统的影响是 0.179 58。由此可见，不同蔬菜作物系统间的碳排放灵敏性测试情况差异不

大，各系统中所有投入要素的敏感性系数均表现为氮肥最高。因此，在单位生产面积上减少化学氮肥施用，是提高当地蔬菜作物系统养分利用效率和减排潜力的关键。

表 11 - 12　各蔬菜生产系统单位面积碳排放灵敏性测试结果

投入要素	敏感性系数				
	白菜	生姜	萝卜	辣椒	茄子
劳动力（天）	0.022 92	0.017 82	0.020 63	0.030 05	0.040 84
氮肥（千克）	0.296 40	0.407 34	0.190 77	0.316 11	0.179 58
磷肥（千克）	0.004 15	0.012 97	0.007 56	0.013 23	0.005 27
钾肥（千克）	0.001 10	0.003 19	0.002 03	0.003 72	0.001 60
农膜（千克）	0.000 10	—	—	0.002 38	0.001 49
农药（千克）	0.036 72	0.002 85	0.016 18	0.022 20	0.034 87
农家肥（千克）	0.098 33	0.123 34	0.083 43	0.152 90	0.060 70
柴油（升）	0.020 11	0.017 41	0.022 87	0.010 02	0.043 90
电力（千瓦时）	0.006 77	—	—	0.002 70	—

2. 典型露地蔬菜生产系统资源利用效率敏感性分析　为判断各蔬菜生产系统单位产品能值转化率对能值投入参数变化的敏感程度，设定不同能值投入参数增减变化情景下系统产出能值保持不变，然后模拟计算能值投入分量变化对系统单位产品能值转化能力的影响程度，进而揭示不同种蔬菜生产的资源利用效率水平。由于自然环境资源贡献的能值短期内变化较小，且对各蔬菜生产系统的能值投入构成分析结果表明，当地农户生产白菜、生姜、萝卜、辣椒和茄子5种典型露地蔬菜的能流投入主要来源于社会经济系统中的可更新生物有机能和不可更新工业辅助能，包括种子、劳动力、农家肥、化肥（氮、磷、钾）、农药、农膜、柴油、灌溉电力、农业机械服务，本研究暂不考虑自然生态系统提供的免费可更新环境资源和不可更新环境资源，仅对输入各蔬菜生产系统的社会经济资源进行增减变动模拟，测试并比较可更新生物有机能值和不可更新工业辅助能值投入对系统产品能值转化率的影响。灵敏性测算结果显示，虽然总体上氮肥投入变化在不同蔬菜生产系统间的敏感性系数都是最大，但是其他能值投入分量增减变动对各系统产品能值转化率的影响程度存在一定的差异，在测试过程中需要分别关注。

在白菜生产系统中，氮肥这一种不可更新工业辅助能投入是影响系统单位产品能值转化率的重要变量，敏感性系数为 0.275 40，其余能值投入分量则在 0.000 04～0.057 12。在生姜生产系统中，化学氮肥的敏感性系数最高，是

0.256 03，其次是磷肥，为 0.086 05，说明氮肥投入对生姜系统能值转化率的稳定性具有较强的影响。在萝卜生产系统中，氮肥对系统能值转化效率有直接影响，敏感性系数为 0.202 67。在辣椒生产系统中，各能值投入分量的敏感性系数在 0.000 01~0.204 95，其中氮肥最大（0.204 95），其他依次为磷肥＞农用地膜＞钾肥＞粪肥＞农用机械服务＞劳动力＞柴油＞灌溉电力＞农药＞种子。总体上，各蔬菜生产系统单位产品能值转化率对氮肥投入的变化更为敏感，且敏感性系数远大于其他农业生产资料，因此调控化学氮肥可以作为优化当地蔬菜生产的一种有效策略（图 11-8）。

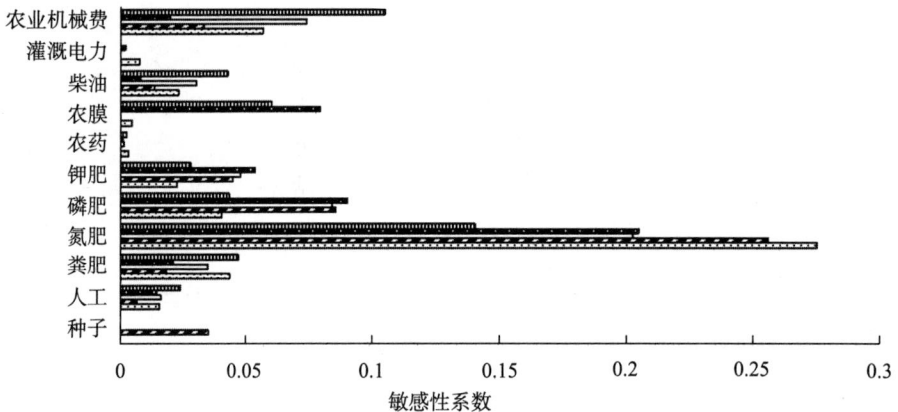

	种子	人工	粪肥	氮肥	磷肥	钾肥	农药	农膜	柴油	灌溉电力	农业机械费
茄子	0.000 01	0.024 16	0.047 61	0.140 80	0.043 57	0.028 16	0.002 83	0.060 63	0.043 00	—	0.105 20
辣椒	0.000 01	0.014 66	0.021 13	0.204 95	0.090 51	0.054 02	0.001 49	0.079 91	0.008 11	0.002 20	0.019 85
萝卜	0.000 03	0.016 35	0.034 98	0.202 67	0.084 73	0.048 30	0.001 78	—	0.030 35	—	0.074 25
生姜	0.035 29	0.006 82	0.018 40	0.256 03	0.086 05	0.044 94	0.000 19		0.013 67	—	0.033 44
白菜	0.000 04	0.015 95	0.043 87	0.275 40	0.040 71	0.022 81	0.003 53	0.004 91	0.023 35	0.007 91	0.057 12

图 11-8　各蔬菜生产系统单位产品能值转化率灵敏性测试结果

（二）典型露地蔬菜生产减排增效潜力分析

蔬菜作物生产的生态效益表现是由系统期望产出效率和非期望产出效率共同决定的，理论上，提高期望系统期望产出（资源利用水平），减少非期望产出（环境负载）能够实现蔬菜系统生产与生态的协调，促进产业可持续发展。为进一步发掘各蔬菜生产系统的减排增效潜力：第一，根据单因素敏感性测试结果，整理对蔬菜作物生产碳排放贡献较大的主要投入要素和对系统单位产品能值转化率影响较大的主要能值投入分量，从系统生产的角度出发，确定影响系统生态表现的关键物质流和能值流，即化学氮肥。第二，针对各蔬菜生产系统中的氮肥实际投入情况，模拟其他要素投入和系统产出不变，设计两种菜园施肥优化情景。

1. 化学氮肥减施情景模拟分析 为探究农户蔬菜生产的节肥潜力和减排增效潜力，本研究设计生产系统化学氮肥减量化施用为情景1，即农户维持现阶段有机氮肥施用水平不变，通过参考不同种蔬菜生产实验或研究总结得出的每单位面积肥料施氮推荐量（程泰鸿等，2022；张传珂，2006），分析新民镇各蔬菜系统的氮肥减施潜力，并计算出节肥后的系统减排增效结果。本研究中露地白菜、生姜、萝卜、辣椒和茄子5种蔬菜作物的具体推荐施肥量见表11-13。

由表11-13可知，若农户放弃以往的高化学氮肥投入习惯，转而采用稳产甚至丰产的科学推荐优化施肥量，该地区每单位面积（亩）露地白菜、生姜、萝卜、辣椒和茄子种植可分别节氮19.93千克、24.52千克、1.03千克、19.11千克、7.43千克，化学氮肥减少比例分别为63.57%、52.92%、6.68%、59.21%和43.09%，说明当地典型露地蔬菜生产系统具有较大的氮肥减施潜力可以挖掘。

表11-13　不同种蔬菜作物生产的单位面积氮肥减施潜力

项目		蔬菜种类				
		白菜	生姜	萝卜	辣椒	茄子
推荐施氮量（千克/亩）		16.67	25.31	17.2	16.67	15.93
目前施氮量（千克/亩）	化学氮肥	31.35	46.33	15.43	32.28	17.23
	有机氮肥	5.25	3.50	2.80	3.50	6.13
	总计	36.60	49.83	18.23	35.78	23.36
化学施氮优化（千克/亩）		11.42	21.81	14.4	13.17	9.81
化学氮肥减施潜力（千克/亩）		19.93	24.52	1.03	19.11	7.43
减量比率（%）		63.57	52.92	6.68	59.21	43.09

表11-14展示了化学氮肥减量优化情景下，各蔬菜生产系统的碳排放强度、产品能值转化率和生态效率变化情况。其中，白菜、生姜和辣椒作物生产单位面积碳排放总量明显降低，系统资源利用水平和生态效率明显提高；萝卜、茄子两种蔬菜作物生产各生态效益指标也表现为同方向变化。说明化学氮肥减施有助于增加当地蔬菜生产的整体生态效益，尤其是白菜、生姜和辣椒三种露地蔬菜作物生产。

具体而言，当种植白菜的单位面积化学氮肥投入减少到11.42千克时，系统的碳排放强度为564.52千克CO_2当量/亩，产品能值转化率为3.83×10^4太阳能焦耳/焦，分别比农户习惯施肥方式下的实际排放量和转化率减少

18.84%、提高 53.88%；并且生态效益显著增加，增量高达 192.48%。当生姜生产系统化学氮肥投入比实际用量减少 52.92%时，系统能值转化率和生态效率随氮肥的减量施用而增加，增幅分别为 37.17%和 136.13%；碳排放强度随氮肥的减量施用而降低，降幅为 20.57%，是所有露地蔬菜生产中碳排放变化最大的作物。与前两种蔬菜生产相似，当辣椒生产按 16.67 千克的推荐施氮量（3.5 千克有机氮，13.17 千克无机氮）优化单位面积肥料投入强度时，系统生态效益变化明显，其中单位面积碳排放量从习惯施肥模式下的 671.64 千克 CO_2 当量降至节肥优化模式下的 553.36 千克 CO_2 当量；能值转化率和生态效率也分别在 1.17×10^5 太阳能焦耳/焦和 1.37×10^{-5} 的实际基础上，提高 32.05%和 111.69%，系统减排增效潜力较强，仅次于白菜和生姜系统。在萝卜和茄子生产系统中，减少化学氮肥投入也会引起碳排放量、产品能值转化率和生态效率发生相应的变化，分别为 531.07 千克 CO_2 当量/亩和 595.12 千克 CO_2 当量/亩、4.42×10^4 太阳能焦耳/焦和 8.63×10^4 太阳能焦耳/焦、1.22×10^{-4} 和 2.84×10^{-5}，相比白菜、生姜和辣椒，实施氮肥优化策略对萝卜和茄子生态效益的影响较小。这也充分说明在新民镇农户种植白菜、生姜和辣椒 3 种露地蔬菜作物具有更大的减排增效潜力。

表 11-14 各蔬菜生产系统化学氮肥减量情景的生态效益评价指标变化

指标		蔬菜种类				
		白菜	生姜	萝卜	辣椒	茄子
碳排放（千克 CO_2 当量/亩）	习惯模式	695.59	747.96	531.91	671.64	630.96
	情景1 化学氮肥减量	564.52	594.14	531.07	553.36	595.12
变化幅度		18.84%↓	20.57%↓	0.16%↓	17.61%↓	5.68%↓
产品能值转化率（太阳能焦耳/焦）	习惯模式	5.89×10^4	1.13×10^5	4.54×10^4	1.17×10^5	9.82×10^4
	情景1 化学氮肥减量	3.83×10^4	8.22×10^4	4.42×10^4	8.86×10^4	8.63×10^4
变化幅度		53.88%↑	37.17%↑	2.78%↑	32.05%↑	13.81%↑
生态效率	习惯模式	5.21×10^{-5}	1.33×10^{-5}	1.15×10^{-4}	1.37×10^{-5}	2.07×10^{-5}
	情景1 化学氮肥减量	1.52×10^{-4}	3.14×10^{-5}	1.22×10^{-4}	2.90×10^{-5}	2.84×10^{-5}
变化幅度		192.48%↑	136.13%↑	5.87%↑	111.69%↑	37.43%↑

2. 氮肥施用结构优化情景模拟分析 本研究在参考不同种蔬菜生产单位面积推荐施氮量的基础上，对比农户习惯施肥结构，设计有机氮素和化学氮肥

同时减施方案作为情景 2，即在参照白菜、生姜、萝卜、辣椒和茄子 5 种不同露地蔬菜作物生产最佳推荐施氮量的前提下，厘清现阶段农户种菜过程中肥料投入总量的有机和无机氮素配比，从而假设农家肥和化学氮肥按农户习惯的氮肥投入结构同比例减少。如表 11-15 所示，农户肥料施用习惯模式下，不同种类蔬菜间的有机和无机氮素投入比例分别是白菜 0.14∶0.86、生姜 0.07∶0.93、萝卜 0.15∶0.85、辣椒 0.1∶0.9、茄子 0.26∶0.74。参照蔬菜生产推荐施氮指南优化氮肥投入结构后，各蔬菜作物系统单位面积（亩）投入的有机氮素分别减少到 2.39 千克、1.78 千克、2.64 千克、1.63 千克和 4.18 千克，具体对应的农家肥投入量分别为 683.2 千克、507.9 千克、754.8 千克、465.9千克和 1 193.4 千克，且每单位面积化学氮肥施用量也分别减少到 14.28 千克、23.53 千克、14.56 千克、15.04 千克和 11.75 千克。

表 11-15　同减方案实施后不同蔬菜作物生产的单位面积施肥结构

项目		蔬菜种类				
		白菜	生姜	萝卜	辣椒	茄子
习惯施氮结构	化学氮肥（千克/亩）	31.35	46.33	15.43	32.28	17.23
	有机氮素（千克/亩）	5.25	3.50	2.80	3.50	6.13
	有机/无机比例	0.14∶0.86	0.07∶0.93	0.15∶0.85	0.10∶0.90	0.26∶0.74
	总计（千克/亩）	36.60	49.83	18.23	35.78	23.36
优化后施氮结构	化学氮肥（千克/亩）	14.28	23.53	14.56	15.04	11.75
	有机氮素（千克/亩）	2.39	1.78	2.64	1.63	4.18
	推荐施氮量（千克/亩）	16.67	25.31	17.20	16.67	15.93

由于模拟设计的是菜地农家肥和化学氮肥投入同时减少的施氮优化情景，因此预测氮肥减施方案 2 实施后不同蔬菜生产系统的碳排放变化及产出效率水平需要在单因素敏感性分析的基础上结合多因素敏感性分析模型进行考察，从而探究多个关联因素同时发生变动时，对各系统生态效益表现的影响。首先，控制其他生产资料投入保持不变，分别对农家肥和化学氮肥两种生产要素进行单因素敏感性分析，得出某一投入单独变动后的对应的系统碳排放强度和能值转化率；然后，将单因素敏感性分析得到的结果代入多因素敏感性分析模型，计算出农家肥和化学氮肥同时减量投入后的系统生态效益表现。

如表 11-16 所示，其他投入要素不变，当减少 45.6% 的化学氮肥投入时，对各蔬菜生产系统碳排放和能值转化率的单因素敏感性分析结果表明，白菜、生姜、萝卜、辣椒和茄子 5 种露地蔬菜作物生产单位面积的碳排放强度分别减少到 583.32 千克 CO_2 当量、599.89 千克 CO_2 当量、528.93 千克 CO_2 当量、559.93 千克 CO_2 当量和 594.92 千克 CO_2 当量，系统单位产品能值转化率结果也分别降低至 $4.12×10^4$ 太阳能焦耳/焦、$8.44×10^4$ 太阳能焦耳/焦、$4.44×10^4$ 太阳能焦耳/焦、$9.14×10^4$ 太阳能焦耳/焦和 $8.94×10^4$ 太阳能焦耳/焦，产出效率明显提升。当同样减少 45.6％ 的农家肥投入时，单因素敏感性分析结果也相继呈现出各蔬菜生产系统碳排放降低、能值转化率有所增加的变化趋势，此时 5 种不同露地蔬菜作物生产碳排放总量分别为 658.34 千克 CO_2 当量/亩、725.52 千克 CO_2 当量/亩、529.85 千克 CO_2 当量/亩、647.29 千克 CO_2 当量/亩和 605.58 千克 CO_2 当量/亩，系统能值转化率分别达到 $5.61×10^4$ 太阳能焦耳/焦、$1.11×10^5$ 太阳能焦耳/焦、$4.52×10^4$ 太阳能焦耳/焦、$1.14×10^5$ 太阳能焦耳/焦和 $9.52×10^4$ 太阳能焦耳/焦，尽管两项结果的变化幅度不大，但总体上减施农家肥对提高蔬菜生产系统资源利用效率和降低温室效应也发挥了一定的促进作用。因此，优化蔬菜生产施氮量需要同时关注有机氮肥和无机氮肥投入结构的变化。

表 11－16　不同蔬菜生产系统氮肥各组分施用变化的单因素敏感性分析

变化因素	输出结果	蔬菜种类				
		白菜	生姜	萝卜	辣椒	茄子
化学氮肥减施	总碳排放（千克 CO_2 当量/亩）	583.32	599.89	528.93	559.93	594.92
	产品能值转化率（太阳能焦耳/焦）	$4.12×10^4$	$8.44×10^4$	$4.44×10^4$	$9.14×10^4$	$8.94×10^4$
农家肥减施	总碳排放（千克 CO_2 当量/亩）	658.34	725.52	529.85	647.29	605.58
	产品能值转化率（太阳能焦耳/焦）	$5.61×10^4$	$1.11×10^5$	$4.52×10^4$	$1.14×10^5$	$9.52×10^4$

　　基于多因素敏感性分析，图 11－9 展示了农家肥和化学氮肥同减策略实施后各蔬菜生产系统的碳排放强度及能值转化率变动情况：①从碳排放来看，当农家肥和化学氮肥同时减少 45.6％ 时，与情景 1 化学氮肥减施方案下的碳排放分析结果相似，除萝卜变化幅度较小外，其他 4 种典型露地蔬菜的单位面积碳排放量均出现明显降低，其中生姜系统的降幅最大，从 747.96 千克 CO_2 当量/亩下降至 577.45 千克 CO_2 当量/亩；其次是白菜，单位面积碳排放减少到 546.07 千克 CO_2 当量/亩，比农户常规施肥模式下的实际增温效应降低了 27.38％；辣椒和茄子在优化模式下单位面积碳排放也分别降低了 25.41％ 和 10.79％。②从系统资源利用水平来看，优化肥料氮素投入结构可使白菜、生姜、萝卜、辣椒和茄子 5 种露地蔬菜生产系统的产品能值转化率分别比实际情况提高 34.77％、27.01％、2.69％、24.15％ 和 11.99％，相应的能值转化率

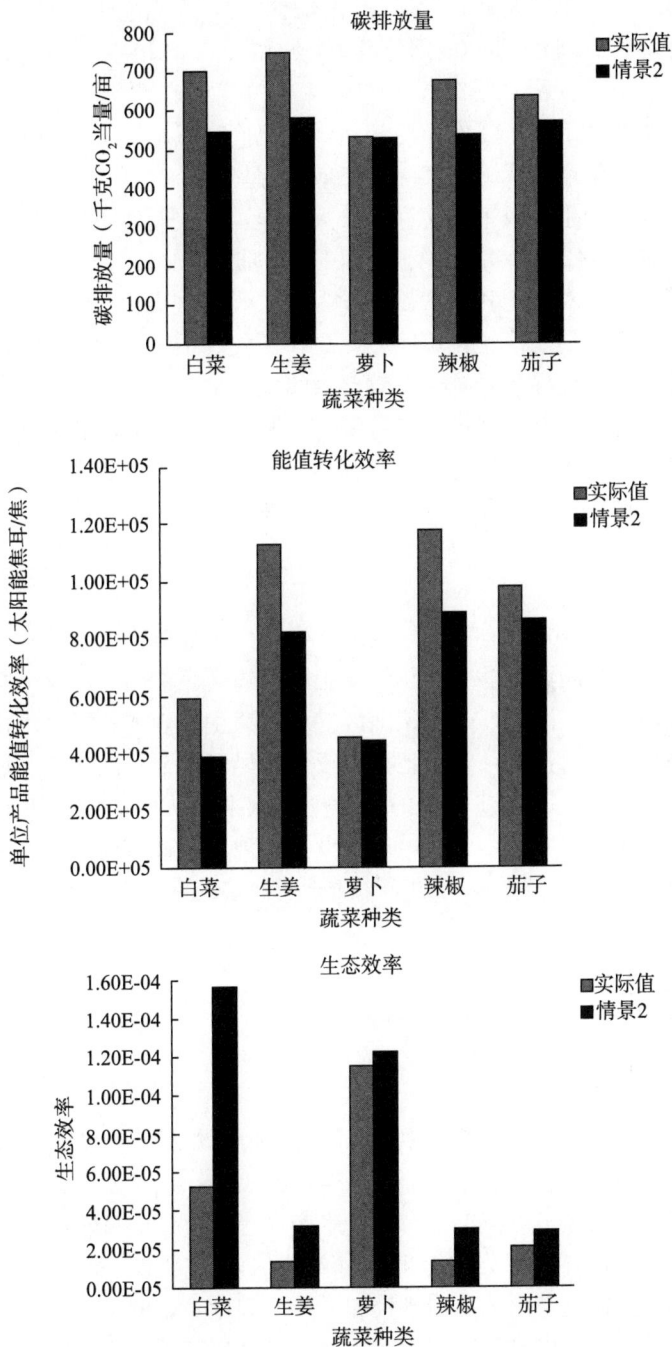

图 11-9　情景 2 各蔬菜生产系统农家肥和化学氮肥同减情景下的
多因素敏感性分析结果

结果分别是 $3.84×10^4$ 太阳能焦耳/焦、$8.23×10^4$ 太阳能焦耳/焦、$4.42×10^4$ 太阳能焦耳/焦、$8.88×10^4$ 太阳能焦耳/焦和 $8.65×10^4$ 太阳能焦耳/焦，说明在模拟情景 2 下各蔬菜系统每生产出 1 单位质量产品所消耗的能值投入较少，资源利用效率更高。③农家肥和化学氮肥同时减施模式下的种菜生态效率相比高氮肥投入生产模式下的实际生态效率明显提高，且 5 种不同典型露地蔬菜作物生产系统的生态效率变化存在较大差异，依次表现为生态效率提升白菜 200.09％＞生姜 142.33％＞辣椒 118.05％＞茄子 43.12％＞萝卜 6.67％。主要是由于同时减少农家肥和化学氮肥投入后，代表白菜、生姜和辣椒三种蔬菜作物系统期望产出的能值转化率明显提高，而代表系统非期望产出的环境碳排放均显著降低，最终导致系统生态效益大幅度增加。

总体来看，以菜园最佳推荐施氮量为参照，在减少氮肥施用的基础上优化有机和无机氮素投入结构能够提高各蔬菜生产系统的生态效率，尤其对于高氮肥投入的蔬菜作物。

（三）小结

尽管多种投入要素都有可能导致蔬菜生产出现高碳排放和低产出效率的情况，但通过灵敏性测试能够确定化学氮肥是制约新民镇当地蔬菜生产生态效益提高的关键调控点。因此，今后该地区扩大蔬菜生产规模，需要优化菜园生产管理，逐步减少肥料投入，将菜地氮肥投入量尽可能地控制在 5 种蔬菜生产单位面积（亩）15.93~25.31 千克的推荐施氮水平，从而在保证蔬菜产量稳定的同时提高系统生态效益。总之，通过设置两种氮肥减施情景能够更直观地分别呈现出白菜、生姜、萝卜、辣椒和茄子 5 种露地蔬菜作物生产的减排增效潜力。

六、主要结论及对策建议

（一）主要结论

本研究通过对新民镇农户微观层面 5 种典型露地蔬菜作物生产的经济表现、环境排放和资源利用效率方面的综合评判表明：虽然农户种植特色优势单品蔬菜具有较好的经济可持续性，但是生产过程中过量的氮肥投入，尤其是化学氮肥，完全不符合各蔬菜作物生长对养分的实际需求，造成严重的养分浪费，导致蔬菜整体生产出现高碳排放和低资源利用效率的突出问题。因此，在规划扩大蔬菜种植规模时，减排增效是提高蔬菜生态效益的关键，对不同种类露地蔬菜生产系统的生态效率进行定量化评价，有助于引导农户培养生产管理习惯和方式，为区域蔬菜产业生态经济的协调、可持续发展和绿色低碳转型提供较为全面的调控建议。

(二) 对策建议

　　基于对盘州市新民镇典型露地蔬菜作物生产经济效益、生态效益评价和比较的相关结论，结合制约当地蔬菜生产系统环境与资源可持续性的主要影响因素，提出以下几点有助于改善蔬菜种植户菜园实际生产管理水平和促进区域蔬菜产业生态经济可持续发展的对策与建议：

　　1. 加强技术培训与示范，提高菜园生产管理水平　　小农户是蔬菜生产的直接管理者，通过对蔬菜种植户特征及生产投入产出水平的描述性分析，可知新民镇当地蔬菜种植散户蔬菜生产规模较小，自营特征突出，蔬菜生产的劳动力多以中老年群体和低文化水平生产者为主，且长期从事农业生产经营活动具有农业兼业行为的农户较少，大部分种植蔬菜的年限较长。因此，通过组织技术培训、技术示范等方式，向农民传授先进、科学的菜园管理技术，加强农户与技术推广人员或农业公司技术指导人员之间的合作与经验交流，使得高产高效的蔬菜生产理念、生产方式深入农户日常菜园种植活动。此外，根据当地小农户解决蔬菜栽培问题的技术来源，还可以从蔬菜种植大户和种植能手入手，积极引导该群体参与到生产技术社会化服务推广体系，通过成果示范的形式，发挥其带动种植规模较小、生产资本较少、知识文化水平较低但有强烈技术需求的蔬菜种植散户采用科学、高效的菜园生产管理优化措施的重要作用，从而共同提高当地整体蔬菜生产管理水平，推动蔬菜高效生产。

　　2. 转变蔬菜生产方式，优化调整蔬菜种植规模　　总体来说，在新民镇以小农户为代表的蔬菜种植模式依然存在高碳投入、高资源消耗、高经济产出和低生态效益的"三高一低"问题，蔬菜生产仍处于肥料和不可更新能源过量投入的状态。从长远来看，肥料和不可更新资源的消耗将进一步加剧环境负载，严重阻碍了蔬菜生产的可持续发展。同时，农户蔬菜种植面积较小，且占比较大，蔬菜生产集中管理难度较高，分散的小农户经营模式是制约蔬菜产业规模化发展和管理的重要原因。因此，为保证新民镇特色蔬菜产业可持续健康发展，在菜园农作阶段，建议鼓励蔬菜种植户转变现阶段的生产管理方式和习惯，减少投入化肥、农药等需要消耗不可更新矿产资源的生产资料，选择对环境影响较小的替代要素，如新型生物肥料和生物农药。此外，本研究通过情景模拟分析发现减少菜园氮肥用量和采用无机有机氮素配施的方式能够显著降低当地蔬菜生产的碳排放，提高系统资源利用效率，增加整体生产的生态效益。因此，在农户生产过程中必须针对不同种蔬菜作物进行肥料施用控制，可以通过测土配方施肥、田间生产实验等方式，建立本土化的蔬菜生产推荐施肥指南，从而逐步转变当地菜种植户高氮肥投入的生产行为，提高菜园的养分利用效率，避免过多的浪费和逸散。同时，当地政府还应鼓励蔬菜种植户积极流转细碎的耕地资源，集中发展高经济效益的蔬菜品种推进规模化生产，提高集约化生产水平和管理效率，从而实现经济和生态可持续发展的双赢局面。

3. 积极推行蔬菜标准化生产，提高蔬菜低碳绿色发展水平 已有研究表明，随着我国城镇化水平的不断提高，加之人们环保意识的高度觉醒，许多城市居民纷纷开始选择消费更多的生态友好型低碳农产品。以上海为例，92％的受访者表示愿意购买贴有低碳标签的蔬菜产品（张孝宇等，2019）。然而，新民镇生产出的大部分蔬菜都是通过"盘菜入沪"的产销对接机制直接销往上海市江桥批发市场，这一潜在的变化趋势显然将对新民镇"入沪"的特色蔬菜产品提出更高的生产要求。因此，为进一步开拓大都市低碳蔬菜产品市场占有率，必须构建蔬菜产业发展标准化生产体系，并将蔬菜种植散户纳入标准化生产管理体系中去，推广低碳的蔬菜种植与生产技术，在此基础上打造区域低碳蔬菜公共品牌，结合绿色、有机农产品认证工作机制探索低碳蔬菜产品贴标服务，从而真正实现以市场为导向生产，将区域资源优势和生态优势转化为产品优势和市场优势，应对特色蔬菜产品因同质化、趋同性供给而出现的潜在市场竞争风险，转变本地特色优势单品蔬菜生产高碳排放的弱势地位，最终推动区域蔬菜产业低碳绿色可持续发展，提高蔬菜产品在上海市场的竞争力。

七、参考文献

陈阜，2009. 农业生态学［M］. 北京：中国农业大学出版社.

陈起伟，熊康宁，兰安军，2020. 基于 GIS 技术的贵州省土壤侵蚀危险性评价［J］. 长江科学院院报，37（12）：47-52，66.

陈舜，逯非，王效科，2015. 中国氮磷钾肥制造温室气体排放系数的估算［J］. 生态学报，35（19）：6371-6383.

陈舜，逯非，王效科，2016. 中国主要农作物种植农药施用温室气体排放估算［J］. 生态学报，36（9）：2560-2569.

陈晓辉，2018. 中国种植业结构演变及其资源环境代价研究［D］. 北京：中国农业大学.

郭婷，王奕淇，李国平，2021. 基于能值生态足迹的国家重点生态功能区补偿标准研究［J］. 生态经济，37（7）：154-160.

郭延景，肖海峰，2022. 基于比较优势的中国玉米生产布局变迁及优化研究［J］. 中国农业资源与区划，43（3）：58-68.

国家统计局，2021. 中国农业统计年鉴［M］. 北京：中国统计出版社.

韩昭庆，2015. 清中叶至民国玉米种植与贵州石漠化变迁的关系［J］. 复旦学报（社会科学版），57（4）：91-99.

康虹，林惠花，2014. 基于能值的漳州市特色农业生态系统可持续发展研究 [J]. 广东农业科学，41（23）：188-194，200.

刘彦伶，李渝，张萌，等，2019. 基于文献计量的贵州喀斯特地区石漠化等级土壤养分状况分析 [J]. 中国土壤与肥料，2：171-180.

石飞，杨庆媛，王成，等，2021. 基于耕地能值-生态足迹的耕地休耕规模研究——以贵州省松桃县为例 [J]. 生态学报，41（14）：5747-5763.

唐荣莉，唐兴隆，张巫军，等，2023. 丘陵山区单季中稻不同种植方式的经济与生态可持续性评估 [J]. 中国生态农业学报（中英文），31（1）：90-101.

汪浩，谢加封，王茜，等，2018. 基于多因素敏感性分析法的城市生活垃圾减量化研究 [J]. 生物学杂志，35（5）：69-71，78.

王欢，2018. 我国蔬菜生产效率及其时空效应研究 [D]. 北京：中国农业大学.

邢光熹，颜晓元，2000. 中国农田 N_2O 排放的分析估算与减缓对策 [J]. 农村生态环境，4：1-6.

熊肖雷，2021. 贵州省蔬菜产业高质量发展存在的问题与对策——基于绿色经济视角 [J]. 高科技与产业化，27（5）：56-61.

张福锁，陈新平，陈清，等，2009. 中国主要作物施肥指南 [M]. 北京：中国农业大学出版社.

张孝宇，马佳，张继宁，等，2019. 城市居民低碳农产品支付意愿及影响因素研究——基于上海市低碳蔬菜的实证 [J]. 农业现代化研究，40（1）：89-97.

周丕东，刘春波，张佩，2020. 贵州山地农业机械化发展现状及对策建议 [J]. 中国农机化学报，41（7）：231-236.

Brown M. T., Ulgiati S, 2016. Assessing the global environmental sources driving the geobiosphere: A revised emergy baseline [J]. Ecological Modelling, 339（10）：126-132.

IPCC, 2014. Climate Change 2014: Mitigation of Climate Change. Contribution of Working Group III to the Fifth Assessment Report of the intergovernmental Panel on Climate Change [R]. Cambridge: Cambridge University Press.

Lan S. F., Odum H. T., Liu X. M., 1998. Energy flow and energy analysis of the agro-ecosystems of China [J]. Ecologic Science, 17（1）：34-41.

Liang L., Ridoutt B. G., Lal R., et al., 2019. Nitrogen footprint and nitrogen use efficiency of greenhouse tomato production in North China

[J]. Journal of cleaner production, 208: 285-296.

Odum H. T, 1996. Environmental Accounting: Emergy and Environmental Decision Making [M]. New York: Wiley.

Pandey D. , Agrawal M. , Pandey J. S. , 2011. Carbon footprint: current methods of estimation [J]. Environmental Monitoring and Assessment, 178 (1): 135-160.

Poore J. , Nemecek T. , 2018. Reducing food's environmental impacts through producers and consumers [J]. Science, 360 (6392): 987-992.

Wang X. L. , Wang W. , Guan Y. S. , et al. , 2018. A joint use of emergy evaluation, carbon footprint and economic analysis for sustainability assessment of grain system in China during 2000—2015 [J]. Journal of Integrative Agriculture, 17 (12): 2822-2835.

图书在版编目（CIP）数据

贵州省农业农村高质量发展探索：乡村建设及产业发展典型案例研究 / 梁龙等著. -- 北京：中国农业出版社，2024. 7. -- ISBN 978-7-109-32197-7

Ⅰ. F327. 73

中国国家版本馆 CIP 数据核字第 2024R3X276 号

贵州省农业农村高质量发展探索

GUIZHOU SHENG NONGYE NONGCUN GAOZHILIANG FAZHAN TANSUO

中国农业出版社出版

地址：北京市朝阳区麦子店街 18 号楼

邮编：100125

责任编辑：肖　邦

版式设计：王　晨　　责任校对：吴丽婷

印刷：北京中兴印刷有限公司

版次：2024 年 7 月第 1 版

印次：2024 年 7 月北京第 1 次印刷

发行：新华书店北京发行所

开本：700mm×1000mm　1/16

印张：12.25

字数：233 千字

定价：70.00 元